图书馆新馆建设和阅读推广研究

赵晓丹 著

哈尔滨出版社
HARBIN PUBLISHING HOUSE

图书在版编目(CIP)数据

图书馆新馆建设和阅读推广研究 / 赵晓丹著. — 哈尔滨：哈尔滨出版社,2022.10
　ISBN 978-7-5484-6859-2

　Ⅰ.①图… Ⅱ.①赵… Ⅲ.①图书馆工作－研究②图书馆－读书活动－研究 Ⅳ.①G25

　中国版本图书馆 CIP 数据核字(2022)第 202595 号

书　　名：图书馆新馆建设和阅读推广研究
　　　　　TUSHUGUAN XINGUAN JIANSHE HE YUEDU TUIGUANG YANJIU

作　　者：赵晓丹　著
责任编辑：赵　芳
装帧设计：中图时代

出版发行：哈尔滨出版社(Harbin Publishing House)
社　　址：哈尔滨市香坊区泰山路 82-9 号　　邮编：150090
经　　销：全国新华书店
印　　刷：三河市嵩川印刷有限公司
网　　址：www.hrbcbs.com
E － mail：hrbcbs@yeah.net

编辑版权热线：(0451)87900271　87900272
销售热线：(0451)87900202　87900203

开　　本：710 mm×1000 mm　1/16　　印张：12.75　　字数：190 千字
版　　次：2023 年 3 月第 1 版
印　　次：2023 年 3 月第 1 次印刷
书　　号：ISBN 978-7-5484-6859-2
定　　价：68.00 元

凡购本社图书发现印装错误,请与本社印制部联系调换。
服务热线：(0451)87900279

目 录

第一章　图书馆建设概论 1
第一节　城市发展与公共图书馆建设 2
第二节　图书馆新馆建设的模式 5
第三节　现代城市中心图书馆的建设 10

第二章　图书馆新馆建设实践 19
第一节　图书馆新馆建设各阶段工作 19
第二节　图书馆新馆建设的布局 62
第三节　图书馆新馆的设备 74
第四节　图书馆新馆的装修 90
第五节　图书馆新馆业务准备工作 115

第三章　图书馆阅读推广的理论 126
第一节　基于传播学的阅读推广 126
第二节　基于心理学的阅读推广 135
第三节　基于教育学的阅读推广 145
第四节　基于建筑学的阅读推广 150

第四章　阅读推广工作机制 158
第一节　阅读推广机制体系 158
第二节　阅读推广组织及保障机制 160
第三节　阅读推广活动策划 172
第四节　阅读推广评估 181

第五章　阅读推广场所建设 183
第一节　阅读推广场所概述 183

第二节　阅读推广场所的构造 …………………………………… 187
第三节　阅读推广场所引力 ……………………………………… 191
第四节　阅读推广场所条件 ……………………………………… 194

参考文献 ………………………………………………………………… 198

第一章 图书馆建设概论

图书馆对于促进当地社会、经济、文化的发展起着越来越重要的作用，图书馆建设的重要性也日益突显。而图书馆建筑主体是图书馆整体建设中的基础及重要载体。因此，以图书馆建筑为基础的图书馆建设问题引起了世界有关组织、各国政府和人士的积极关注。

随着社会和科技的不断进步，人们在建筑设计与施工领域都取得了长足的发展，一些曾经难以攻克的建筑难题都已迎刃而解，人们能够设计、建造出更加满意的建筑物，图书馆建筑也不例外。于是，世界上不少国家和地区政府制定了图书馆建筑标准，比如加拿大的《安大略公共图书馆指南》、西班牙的《巴塞罗那公共图书馆：公共图书馆的基本标准》、我国的《图书馆建筑设计规范》等，用以规范和指导图书馆建筑的设计和兴建。

同时，图书馆在新的时代发展变化过程中，自身的功能也发生着重大的变化。网络的普及、信息与文献量的急速增长，使得城市范围内的图书馆间的紧密联系既成为可能又是必需，图书馆整体化的功能要求越来越强；数字图书馆的勃兴既为图书馆带来了希望，也要求图书馆的功能适时而变，成为复合式图书馆；到图书馆来的读者由从前的以求知为主，转为如今的休闲、交流和求知并存，注重图书馆的舒适环境和知识氛围。图书馆业务功能的变化要求其馆舍建筑随之改变，所谓形式跟随功能，由此，图书馆新馆建设的内涵变得越来越丰富。

国际图联专门设有图书馆建筑和设备常务委员会，并在每年的年会上设立图书馆建筑和设备议题，就图书馆建筑问题进行探讨和交流。

最近几年，随着与国际接轨的深度和广度日益加大，经济实力的持续增强，我国图书馆事业的发展也迎来了新一轮的高潮，业内对于图书馆建筑的关注和研究日趋重视，图书馆建筑的又一个建设高峰正在形成。

其中，尤为引人注目的是图书馆的建设问题，因为无论从整个图书馆的发展历史来考察还是从公共图书馆的发展历史来考察，无论从国外图书馆发展来看还是从国内图书馆发展来看，无论从历史的还是现实的角度来研究，图书馆都处于非常重要的地位。至少在将来较长一段时期内，图书馆的建设发展仍将直接影响着公共图书馆的建设发展进程，甚至影响着某一国家、某一地区图书馆事业的发展进程。

第一节 城市发展与公共图书馆建设

一、21世纪中国城市发展

城市是区域经济、政治、科学、文化、教育的中心，是社会先进生产力集中体现与应用的重要平台，更是拉动整个区域经济增长的火车头。城市化进程的加快和水平的提高，既是经济持续发展的必然结果，反过来又对经济发展起着积极的促进作用。

进入21世纪以来，我国经济、社会、科技、文化事业一直保持着稳步、持续、健康发展的势头。

随着经济建设的持续稳步发展，我国的城市化进程也在不断加快，城市化水平更是逐渐提高。

如果城市化战略选择不当，城市化进程中就会出现被人们称为"城市病"的人口、环境、公平、效率、贫穷等诸多方面的问题。如果"城市病"未能在城市化进程中有效化解，就会严重影响经济的发展和社会的稳定。另外，国外经验表明，当一个国家或地区人均GDP进入1 000美元和3 000美元的时期，既是黄金发展期，同时也是矛盾突显期，处理得好，能够顺利发展，经济可以很快再上一个新台阶；处理不好，经济将停滞不前甚至倒退。由此可见，既要有效地发挥城市在经济建设中火车头式的拉动作用，又要尽量避免和化解城市化进程中的"城市病"。于是，城市化的发展模式和战略选择就显得尤为重要。

实践证明，组团式城市群模式是适合我国国情的城市化发展模式。所谓组团式城市群，就是"大、中、小城市'结构有序、功能互补、整体优化、共建共享'的空间镶嵌体系，体现出'以城乡互动、区域一体'为特征的城市发展的高级演替形态。在水平尺度上是不同规模、不同类型、不同结构之间相互联系的城市平面集群，在垂直尺度上是不同等级、不同分工、不同功能之间相互补充的城市立体网络，两者之间的交互作用使得规模效应、集聚效应、辐射效应和联动效应达到最大化，从而分享尽可能高的'发展红利'，完整实现'区域发展动力、区域发展质量和区域发展公平'三者在内涵上的统一"。

目前，我国已经并将继续逐步培育和完善珠三角组团式城市群、长三角组团式城市群、京津环渤海组团式城市群三大组团式城市群，已经创建并将继续培育和完善沿长江城市带、沿京广铁路城市带、哈长沈大城市带、济青烟威城市带、绵德成渝沿线城市带、长株潭城市带、海峡西岸城市带七大城市带以及若干中心城市圈。

从战略上讲，我国的城市发展必须立足于可持续发展、循环经济、绿色GDP、数字城市等战略要点，从而克服和化解"城市病"，更为有效地保证经济社会的可持续发展。在城市化发展进程中，对于图书馆建设产生深远影响的因素主要有这样几个方面：城市群建设、城市文化教育建设、社区建设与数字城市建设。

城市群的建设，可以对区域经济、生产力要素、产业链布局、发展成本、城市与城市、城市与乡村、基础设施的建设与共享等进行有效的整合，优化区域空间结构、网络结构、产业结构、人力结构、文化结构、营销结构，对区域资源要素进行有效配置，进而形成等级、有序、互补、高效区域。区域整合所带来的发展潜力将会使城市化进程产生质的飞跃。文化是一个城市的标志或符号，是这座城市的精神坐标，因此，城市群的建设必然会对其城市文化资源以及文化基础设施提出集群式建设和发展的要求，以适应并引领城市群的整体发展。而作为城市文化的重要基础设施和文化资源的重要载体——图书馆，理所当然地要逐步形成集群式图书馆的发展模式。

为此，我们必须重视和加强包括图书馆事业在内的城市文化、教育事业的建设。城市的可持续发展必须建立在深厚的文化教育底蕴之上，城市特色的形成、人文环境的培育、市民良好素质的培养、城市创新能力的激发、城市科学技术的发展等诸多方面无不依赖于城市文化、教育的发展。如果文化和教育的发展适应不了甚至跟不上城市发展的步伐，城市的发展必然会受到牵制。

在城市的构成上，社区是其社会组织的基层。社区建设"是指在党和政府的领导下，依靠社区的力量，利用社区资源，强化社区功能，解决社区问题，促进社区政治、经济、文化、环境协调和健康发展，不断提高社区成员的生活水平和生活质量的过程。社区建设的内容既包括物质文明建设，也包括社区文化等方面的精神文明建设。"作为图书馆的基层组织单位，城市社区图书馆是社区文化建设的一个重要基地，对于社区精神文明建设起着非常重要的作用。

进入数字科技时代，数字城市建设成为人类社会发展的重要步骤，它极大地促进了人们在生产方式、生活方式、文化交流、人际关系，以及政府决策、政府管理、政府服务和廉政建设等方面的巨大变革。而城市基础数据库建设是数字城市建设的战略基础和必要条件。从宏观上讲，一个数字城市的基础数据库至少应包括数字人口管理、数字土地管理、数字经济管理、数字金融管理、数字社区管理、数字环境管理、数字文化管理、数字交通管理、数字灾害管理、数字犯罪管理十大类数据库。图书馆所肩负的历史及社会责任要求其必须开展自身的数字化建设，可以说，图书馆数字化建设既是城市数字化建设的必然要求和重要组成内容，同时又是图书馆自身发展的逻辑必然。

二、21世纪中国图书馆建设的兴起

21世纪以来，我国经济的持续稳步发展和城市化进程的不断推进，为包括图书馆事业在内的各项文化事业的发展奠定了坚实的物质基础，也为我国的图书馆事业创造了历史上最好的发展时期，其中最为突出的表现就是新馆建设、旧馆改建出现了一个新的高潮。

在21世纪，图书馆建设呈现出如下特点：

第一，图书馆建设广泛、深入地在大、中、小型城市以及城市辖区内的区级、街道、社区展开。

21世纪的图书馆建设高潮并不只限于出现在北京、上海、广州以及其他省会城市等特大型、大型城市的省级和市级图书馆，在二线中小型城市也同样掀起了新馆建设热潮。城市辖区内的区级、街道、社区图书馆新馆建设也是方兴未艾。

第二，涌现出一批特大型的世界级图书馆。许多城市都把图书馆新馆作为城市的标志性文化建筑，特别是一些经济实力雄厚的城市，投入了巨额资金建设新馆，新馆建筑面积和设施不断刷新我国图书馆建设规模的纪录。

第三，数字图书馆技术在图书馆建设中被普遍应用，图书馆的数字化、网络化和现代化进程有了长足的进步。与数字城市建设同步，图书馆广泛而深入地采用了先进的自动化技术、互联网技术、数字化技术、存储技术、安全技术等数字图书馆技术，使图书馆成为读者获取有效信息资源的重要门户和平台。

第二节　图书馆新馆建设的模式

图书馆建设模式来源于图书馆建设的实践，而图书馆建设的实践与发展则深受不同时代不同社会阶段对图书馆定位的影响。

考察图书馆建设模式的演变，其所涉及的要素主要包括图书馆建筑、技术设施、馆藏体系、人员配置、办馆理念等，其中图书馆建筑是图书馆建设的基础和主体部分，是其他诸要素的承载体，并直接体现着其他诸要素对于建筑的需求，同时也蕴含并彰显着图书馆的建馆理念，因此考察图书馆建设模式的演变应重点考察图书馆建筑的演变和发展。

概括地讲，图书馆建设模式基本上是围绕"藏书"与"阅览"之间的关系而不断发展变化，并大致经过了三个发展阶段，是一个螺旋式的辩证发展过程。这三个阶段分别是传统式图书馆建设模式、模数式图书馆建设模式和后模数式图书馆建设模式。

一、传统式图书馆建设模式

图书馆出现以后，在相当长的一段历史时期内，特别是在印刷术发明之前，图书典籍数量非常稀少，使其显得异常珍贵。除了皇室、政府和少量的个人拥有图书典籍之外，一般人难得拥有。图书典籍首先是地位、财富的象征，拥有它即成为一种身份的标志。拥有者将其视为如同珍宝一样贵重的财富，一般情况下是不会将其拿出来供人阅览的，自己在阅览的时候也都是小心翼翼，生怕不小心将其损坏。这个时期的图书馆一般都是皇家、贵族或政府出资修建，其读者范围非常有限，仅限于少数的皇室、贵族成员和政府高级官员。这个时期图书馆最重要的作用就是对图书典籍的保藏。与此相应，图书馆都是藏阅一体、空间有限，而在图书馆的建筑风格上，则是集豪华、权威、封闭于一体。

15世纪以后，随着活字印刷术的普及应用以及近代科学技术的迅速崛起和发展，图书典籍数量大大增加，图书馆的馆藏数量也随之与日俱增，所覆盖的知识面更为广泛，社会对阅览的需求进一步增强。为适应这种需求，图书馆的规模逐步增大，阅览空间占整座图书馆建筑空间的比例也随之上升。但这个时候的藏阅仍然是合一的，毕竟这一阶段内，在藏书数量、对藏书的加工处理以及为读者提供服务等方面，对空间的需求还没有达到必须冲破藏阅加工空间合一的程度。不过，图书馆建筑的特点已经发生了重大变革，先前体现权威与豪华的肥梁、密柱逐步被拱券结构和高大的空间所替代。

进入19世纪，科技发展与社会进步进一步加快，出版物的数量急剧增长，图书馆的馆藏数量和读者也发生了质的变化，与此同时，图书馆的业务管理工作也日渐复杂。于是，图书馆建设在历史上首次出现了藏阅分离，即藏书空间、阅览空间、工作空间分开，从而突破了长久以来的藏阅用空间"三合一"的建设模式和建设理念。尽管如此，这一时期的图书馆建筑设计的指导思想继续迎合闭架管理的要求，仍然以藏书为中心。

二、模数式图书馆建设模式

闭架管理环境下藏阅分离的图书馆建设理念持续了大约一个多世纪，才逐步开始被开架环境下的藏阅合一建设模式所取代，这就进入了模数式图书馆建设模式的阶段。20世纪初，为解决闭架环境下的藏阅分离、手续烦琐和效率低下的问题，图书馆界实施了藏阅合一、开架借阅、设立分科阅览室等变革措施。为适应这种必然变化，图书馆在馆舍建筑上也进行了一系列的探索。1933年建成的美国巴尔的摩图书馆，标志着模数式图书馆建设模式的到来，至20世纪60年代，模数式图书馆建设模式已经发展成熟。

在藏阅借合一、开架比例增大以及图书馆组织机构经常需要调整的情况下，图书馆建筑采用大开间、统一进深的建筑格局有助于图书馆顺应业务和管理的需要，行之有效地随时进行内部布局的调整。用建筑学术语来说，就是统一柱网、统一层高和统一荷载的"三统一"。为了实现既经济又适宜的"三统一"，有效避免浪费，需要计算出图书馆建筑的平面空间、层高和荷载"模数"，这个模数就是图书馆建筑设计的标准尺度，图书馆的平面空间大小、层高以及荷载分别是其相应模数的整数倍。具体来说，平面空间模数是藏书、阅览和办公区的基本功能单元（比如一张桌子或一把椅子）的尺度的最小公倍数值。层高的模数一般是阅览室、书库中书架的高度。荷载则以承重最大的书库荷载为模数。

模数式图书馆内部每个楼层都可以采取藏书、借阅和办公一体化的布局，既经济又灵活，并且构成了一个平面综合功能单元。不同楼层的平面综合功能单元通过电梯等核心垂直交通工具相互联系，使整个图书馆的功能布局简洁而高效，大大提高了图书馆的运营效率。

三、后模数式图书馆建设模式

尽管模数式图书馆有着高效、灵活和空间利用率高的特点，但是也存在着空间缺乏多样性、外形呆板缺少变化、能耗高以及建筑成本高等缺点。特别是20世纪90年代以来信息技术的发展，对图书馆建筑的智能化提出了新的要求，同时人文主义思潮也深刻影响着图书馆的建筑设计理念。于是在这一时代背景下，图书馆界开始对模数式图书馆进行深入的反思和必要的扬弃，进而推动图书馆建设理论进入后模数式图书馆时期。

对于模数式图书馆强调的"三统一",有学者认为,在"三统一"的同时,也要"提倡灵活的统一原则,结构柱网不要求绝对统一,根据需要可以统一主体柱网,其他不适宜统一柱网的功能空间可独立于主体柱网之外单独设计……"对于统一荷载,有学者指出,"荷载较轻的用房没有必要提高荷载指标去适应并不存在的使用功能变化。"

在国内,针对模数式图书馆的建筑缺陷,有学者提出了"模块式图书馆"的设计理念,将模数式设计与若干功能模块的灵活运用相结合,从而尽量避免模数式图书馆的建筑缺陷。这种设计思路首先通过将图书馆划分成几个必要的功能区,然后在不同的分区进行模数化设计。模块式图书馆把楼梯、电梯、洗手间等服务性空间组成"服务功能块",位置相对独立,以提供空间使用的最大灵活性。主要功能区则由空间单元组成。

在后模数式图书馆时代,日新月异的信息技术和日益涌动的人文主义思潮对图书馆建设的影响是非常深远的。已经渗透到人类生活各个领域和角落的信息技术对于图书馆建筑设计的影响,在于智能化建筑理念的提出和实施,楼宇智能化和自动化对于模数式图书馆的建筑设计产生了多方位多角度的深刻影响。而日渐为人们所关注和推崇的以人为本的人文主义思潮对于模数式图书馆所产生的巨大影响就是生态图书馆的建设理念日渐深入人心,人们开始注重和强调图书馆建筑的环保、节能、健康和舒适。

四、我国图书馆新馆建设模式的演变和发展

我国图书馆新馆建设模式从中华人民共和国成立后发展到现在,大致可以划分为三个阶段。需要注意的是,我们在此探讨的是我国图书馆新馆建设模式的演变,而不是我国图书馆事业的发展分期,这二者并不完全一致。

第一个阶段:中华人民共和国成立初期到20世纪70年代中期。这个阶段的图书馆建设有所发展,但受当时社会、经济、政治和文化背景的影响,特别是20世纪60年代中期到20世纪70年代中期受到"文革"的影响和冲击,发展速度减缓。尽管如此,还是完成了一些比较大的图书馆建设工程,比如筹建于1956

年并于1962年建成的建筑面积为8 663平方米的黑龙江省图书馆，1959年建成的建筑面积为8 800平方米的山西省图书馆。这一时期新馆建设模式仍旧属于传统图书馆新馆建设模式，建筑上是适合闭架管理的藏阅分离的模式，图书馆建筑布局大多采用"工"字形或其演变形式，在建筑风格上受苏联的影响较大，特别是20世纪60年代中期之前。

第二个阶段：20世纪70年代末到80年代末。改革开放为我国社会、经济和文化的发展带来了勃勃生机，我国的图书馆事业也随即迎来了一次发展高峰，图书馆建设步入了快速发展的轨道。据统计，公共图书馆数量从1980年的1 732所增加到1990年初的2 512所。公共图书馆馆舍面积从1978年的652 221平方米增加到1989年的3 019 900平方米，增幅达3.63倍。1975年3月批准兴建的北京图书馆新馆几经周折也于1987年落成，占地7.24公顷，建筑面积为14万平方米，并荣登"八十年代北京十大建筑"榜首。这一时期比较典型的图书馆新馆建筑还有：湖南图书馆、甘肃省图书馆、广西壮族自治区图书馆、广东省立中山图书馆、河北省图书馆、大连市图书馆等。

可以说，这个阶段的图书馆新馆建设模式显示出这样的特点：与我国图书馆事业从传统图书馆向现代图书馆过渡的阶段相适应，图书馆建设呈现出明显的过渡性特点。建筑模式上是"固定功能型"与"模矩型"两种模式的结合，读者活动场所占总体建筑面积的比例一般都在50%以下。

第三个阶段：20世纪90年代到现在。由于经济的持续稳定增长、信息技术的巨大推动、社会对图书馆事业的强烈需求、国内外图书情报界交流的逐步加深，在这一时期我们迎来了我国图书馆建设的新一轮热潮。

这个阶段的图书馆建设模式具有如下特点：广泛采用大开间、统一进深的高效、灵活以及空间利用率高的模数式图书馆建设模式，同时也注意到模数式图书馆之空间缺乏多样性、外形呆板缺乏变化、能耗高以及建筑成本高等缺点，并设法尽量予以改善或避免。加之信息技术、人本主义思想、图书馆集群理念的倡导和发扬，图书馆建设模式迅速向后模数式图书馆嬗变。

第三节　现代城市中心图书馆的建设

城市化程度的提高，使图书馆的发展成为城市文化建设的重要内容。在图书馆新馆建设中，许多城市，尤其是大、中城市，都将其设计成城市标志性的文化建筑。同时，以其为龙头，在城市大系统内发挥其核心和主导作用，整合资源、协作发展，从而带动整个图书馆事业的全面提升。这种发展趋势和潮流引出了城市中心图书馆概念的产生。本书论及的新馆建设，即以作为城市文化标志的大中型图书馆为对象，亦即城市中心图书馆为主。这是因为城市中心图书馆一般都有一定规模的建筑体量，所要求实现的业务功能比较全面，同时所要求的建筑设计与施工也更为规范，能完整、系统地反映当前图书馆新馆建设的理念与实际情况。

一、城市中心图书馆

从图书馆事业发展的本身来看，传统的按照行政区划设置、分散管理的模式不利于资源的共建共享，不利于发挥图书馆的整体效益。为此，利用新馆建设的良好机遇和城市文化标志的有利定位，以市图书馆为主筹建城市中心图书馆，成为现代城市文化建设和图书馆事业发展的新的路径。城市中心图书馆建设就是要探索打破现行行政管理体制对图书馆事业发展的束缚，让市级图书馆获得"合法领导"地位，成为全市各级图书馆的管理中枢和技术中心，以便整合全区域公共图书馆的所有资源，发挥图书馆集群优势，形成布局合理、资源共享的图书馆服务网络。

城市中心图书馆对图书馆事业发展有着相当重要的作用：一是有利于实现集中有效的统一管理，包括人、财、物及文献资源的调配和使用，以及采、分、编等工作的协调与管理；二是有利于全面规划整个图书馆事业，使其布局合理、均衡发展；三是有利于建立地区性文献资源保障体系，满足城市经济和社会发展的需要，避免重复购置，提高文献资源的利用效率；四是有利于图书馆工作的高度组织化，实现图书馆业务工作的有序化、规范化、标准化和网络化；五是有利于增强图书馆服务的便捷性，发挥基层图书馆网点多、分布广、贴近居民的优势，方便群众。此外，建设城市中心图书馆更可以提高城市自身的文化品位，树立城市形象，增强城市的吸引力和综合竞争力。

根据城市中心图书馆与图书馆集群中成员馆之间的关系，可以将图书馆集群划分为联合型、总分馆型和混合型三种类型。

联合型图书馆集群是图书馆集群的一种形式，指的是城市中心图书馆与集群内部各成员馆之间没有实质性的行政隶属关系。成员馆之间的关系是一种联盟性质的合作关系，成员馆之间的整合程度不深，中心馆在业务辅导、理念传播方面上起到一定的指导性作用。联合型图书馆集群的代表有上海市文献资源共建共享协作网、北京市北三环——学院路地区高校图书馆联合体等。

总分馆型图书馆集群指的是城市中心图书馆与集群内部各成员馆之间具有实质性的行政隶属关系。中心图书馆是总馆，各成员馆是分馆，成员馆之间的整合程度很深，所有分馆的人、财、物、资源等都由总馆统一调配。总分馆型图书馆集群的代表有纽约公共图书馆系统、香港公共图书馆系统等。

混合型图书馆集群指的是图书馆与集群内部各成员馆之间虽有一定的行政约束关系但非完全的行政隶属关系，中心馆与成员之间的整合程度介于联合型和总分馆型之间。混合型图书馆集群的代表有东莞地区图书馆总分馆体系。基于我国行政管理体制的实际情况，混合型图书馆集群是目前图书馆集群由联合型集群逐步发展为总分馆型集群的一种符合国情的良好过渡形式。

可以看出，总分馆型是图书馆之间进行协作协调、资源共享的高级阶段和理想模式。总分馆型集群内的图书馆之间不仅能够实现文献信息资源的协作共享，而且可以实现人力资源、网络资源、服务设施、管理等各个方面的协作共享，这种全方位深层次的协作共享和优化整合将会产生巨大的社会效益。在图书馆整体发展的过程中，城市中心图书馆起着相当关键的倡导、示范、组织和促进作用。因此，城市中心图书馆作为文化标志性工程，不仅是在规模、体量上扩充，在外形上有所追求，在建设模式和理念上更要向世界先进图书馆靠拢。

二、建设理念

任何时期的建筑一般都直接或间接地体现了当时的主流思潮，同时，每个时代的主流思潮在意识形态上对于当时的图书馆建设又起到不容忽视的指导作用。早期的图书馆建筑以其豪华、威严的建筑风格既体现了当时的人们对于神权和王权的崇敬与膜拜，也体现了人们对于记载知识的图书典籍的崇敬与膜拜。因为在当时的人们看来，人类社会的一切都是源于上帝的恩赐，知识也不例外，而帝王作为天之骄子，是上帝派来看管和保护这些弥足珍贵的图书典籍的。因而，早期的图书馆建筑充分体现了当时上帝是人类主宰的思想。

文艺复兴时期的到来，到处彰显着理性的光芒，早期对神权和王权的崇拜逐渐被人们对人类自身的崇拜所取代，呈现出来的是蓬勃向上的人文主义思想。在这个时期，先前的那种豪华、威严的风格渐次淡出历史舞台，代之以崇高肃穆、博大宁静的图书馆建筑风格。这深刻体现了当时以人为中心反对神权的哲学精神。

20世纪，科技取得飞速发展，人类对于自然、宇宙的认识和了解越来越广泛和深入，驾驭自然的能力更是大大增强。运用科学的力量开发巧夺天工的技术不仅让人类孜孜以求并且引以为豪，也让人类对自身的智慧和潜能以及科技所蕴含的巨大能量更加深信不疑。模数式图书馆的出现正体现了这个时期科学至上、人类无所不能的进取精神。

进入21世纪，随着人类对自然、宇宙、社会、科学和人类自身的认知进一步深化，人们渐渐领悟到，人类不仅不能征服自然，更需要与自然和谐相处。科技更应该是人类合理开发和利用自然、创造美好生活的工具和手段，而不能够成为人类破坏生态环境、过度开发自然资源的帮凶，人与自然和谐发展、以人为本建设和谐社会便成为当前的主流思想，反映在图书馆建设上亦是如此。具体来说，当代图书馆建设的原则主要有如下几个。

（一）人本原则

这是图书馆建设的首要原则，为其他一切原则之基础。图书馆首先是为用的，一切围绕着这个问题考虑时就会得出这一原则。既然是为用的，就要让人们舒舒服服使用，建设的出发点和着眼点要一切以人为本而不是以书籍、物品等非人因素作为考虑问题的出发点。

以读者为本。图书馆是为读者服务的，图书馆的各个部分、各个环节、各个要素都要方便读者使用，比如馆内带书"漫游"、家具、采光、色彩、绿化、休闲等等各个方面的设计、布置等都要以方便和利于读者为要。

关心残疾人等弱势群体。残疾人等弱势群体因行为上有诸多不便而更需要受到特别的关爱和照顾。图书馆建设中一定要考虑到如何为残疾人等弱势群体提供更好的服务的问题，建设好包括无障碍设施在内的配套的为残疾人等弱势群体服务的设施。比如盲人通道、轮椅过道、电梯、洗手间以及盲文图书、音响设施等等。

扩充读者服务面，为最广大的读者群提供服务。图书馆的服务对象是在城市里生活、工作、学习、探亲、旅行的所有人，他们不论年龄、性别、职业、民族、籍贯等都应该是图书馆的服务对象。注意摒弃图书馆只为具有本地户口市民服务的观念，尽可能地扩大读者服务面，特别注意要将外地务工人员纳入图书馆的读者服务范围之内。

为工作人员创建舒适的工作环境。以人为本不能单纯只考虑读者，而不考虑图书馆的工作人员。要知道服务质量如何、读者是否满意，在很大程度上取决于图书馆工作人员。在适当的条件下，尽量为图书馆工作人员创建一个比较好的工作环境，是非常必要的，而且是应当的。对于一些特殊工种的工作间比如机房、监控室等因辐射、噪声、采光等易对人体造成伤害的环境，要尽可能从设计时就考虑到如何减少或降低这种人身伤害，切实保护好工作人员的健康。超市化管理方便了读者，却必然会使得图书整序、归架的工作量激增，在设计阶段应该考虑到这种情况的出现，从而采取及时有效的措施尽量减少工作人员的体力消耗，这样不仅体现了对工作人员的关爱，更能提高工作效率。

（二）生态原则

生态原则指的是健康、舒适、节能和环保，是人本原则的具体体现。而今，人们已经掌握了更多自然科学方面的知识，从宏观到微观，对于物质的特性都有了更为深入的研究和认识，同时依靠科技的进步，还掌握了多种便捷而准确的物质鉴定及检测方法，因此，在建筑材料的选择上，必须严把质量关，务必选用材质无毒无害、健康环保的建筑装修材料和室内陈设，严格检测和控制苯类、醛类等有毒有害物质的含量，杜绝含有对人体具有极大伤害的放射性物质的石材等建筑材料的使用。总之，生态原则的第一个要求就是从源头上采用环保无伤害的建筑材料。

读者和工作人员的活动空间要舒适，采光要考虑自然光和人工光相结合，色彩要注意冷暖色调的协调搭配，桌椅的形状与尺寸须符合人体工程学原理，空间布局要避免给人以单调沉闷的感觉，出入口设计不能够太过拥挤，人流量较大的区域应尽量安排在低层区，机房要冷暖适宜，咖啡厅等休闲区设计要美观合理等等。

当代图书馆是一个巨大的能源消耗体，能耗过高肯定给以后的正常运营带来太大的压力。因此在建设过程中要充分考虑到如何多利用自然光和自然能源来有效降低能耗，应尽量避免建成那种完全采用人工照明、人工制冷、人工取暖和人工通风的密闭式图书馆。同时还要考虑到合理选用具有保温特性的建筑材料以及有效利用图书馆的温室效应，以节约、环保的手段达到冬暖夏凉的效果。

图书馆不仅是一个巨大的能耗体，作为公共空间，它也是一个制造并排放废水、废气以及工作、生活垃圾的机体，降低这些废弃物的排放量不仅是环保的要求，也是城市本身可持续发展的要求。洗手间采用节水设施可以降低净水的消耗、减少污水的排放；空调采用无氟制冷剂可以减轻对大气臭氧层的污染和破坏；生活、工作垃圾分类投放有利于垃圾的分类回收和再利用，减少环境污染等等。

（三）辩证原则

某位建筑设计师曾经说过：如同世间万物一样，没有绝对的完美，任何一幢建筑都是有缺憾的艺术。掌握辩证原则，减少缺憾是我们在进行图书馆建设过程中需要注意的又一重要原则。图书馆建设过程中涉及的关系很多，这些关系的处理都体现了辩证原则的重要性。现择其要者列举如下：

图书馆建设与城市发展关系问题。一般而言，图书馆的建设取决于城市的发展状况，反过来，图书馆的良好建设可以大大推动城市发展的进程，二者是相互作用的辩证关系。一般情况下，图书馆的建设应该与城市的整体发展相同步。如果图书馆的建设能够适当超前于城市发展的话，可以更为有效地发挥图书馆对于城市发展的推进作用。为实现这一目标，应当准确深入地把握住城市发展的战略和机遇，将图书馆的建设自觉纳入整个城市发展的战略规划当中，把握好自身的发展机遇，并设法为自身的建设和发展赢得战略支持。甚至要合理地突破和超越城市发展对图书馆建设的限制，取得图书馆超常规的建设发展成就，进而促进城市的整体发展。

图书馆建设过程中相关单位之间的关系问题。这也是关系图书馆建设成败的首要问题。图书馆建设过程涉及的单位众多，工作关系复杂且彼此交错。在图书馆建设的不同阶段，影响图书馆建设进程的关键单位也是不同的。图书馆建设过程中一方面要处理好相关单位的各种关系，一方面要根据不同阶段的主要矛盾找出并做好该阶段关键单位的相应工作，保证新馆建设的顺利进行。

馆长和其他图书馆工作人员在图书馆建设中的作用问题。馆长的作为直接影响到图书馆新馆建设的效果和质量。而以馆长为核心的图书馆工作人员的全员、全程参与是图书馆建设顺利进行的有力保障机制之一。图书馆建设的绝大多数工作都是在馆长的领导、督促、直接参与下完成的，不仅如此，馆长还承担着对外联络、向政府有关部门争取更多支持的重要责任。新馆建设过程中最忌讳的事情就是中途调整图书馆领导班子，因为那样很容易导致建设过程不连贯、工作交接出现疏漏、责任问题难以界定等不良后果。充分发挥图书馆全馆工作人员的合力作用，在馆长的领导下，积极、主动、全程参与图书馆新馆建设工作，是成功完成图书馆建设的有效保证。

一般图书馆建设都会涉及新馆和旧馆的关系问题。如何正确处理新馆和旧馆的关系问题关系到图书馆建设的走向和成效。在处理新馆与旧馆关系上一般有三种做法：一种是弃旧建新；一种是旧馆扩建；一种是建新不弃旧，即将旧馆作为分馆继续使用。具体采取哪一种方式要根据具体情况进行取舍，取舍的原则就是认真评估和权衡，哪种做法最合理、最有利于图书馆自身发展，就选择哪种做法。

新馆投入与使用期限的问题。图书馆建设的投资规模一般与对其使用期限的预期有关，预期使用期限较长则投资规模大，反之则小。但预期使用期限的长短却是一个颇费思量的问题。使用期限的预期太长、太短都不可取，因为无论太长还是太短，都不利于新馆效益实现最大化。

图书馆建设的全局和局部的关系也是一个很重要的问题。图书馆建筑与其周围环境的关系、图书馆整体建筑风格与各个功能区风格之间的关系等等，都属于全局和局部的关系问题。

图书馆建设过程中当前技术与代表发展趋势的最新技术之间的关系问题。在图书馆基础性技术设备的选用过程中经常面临现有技术与最新技术的抉择问题。要充分考虑技术的发展趋势以及本馆的经济实力再决定究竟采用哪一种技术设备好，在取舍上切不可盲目或跟风。

馆舍建设与图书馆业务准备工作的关系，体现建筑形式与功能实现的关系。新馆建设同时也是图书馆业务变革和事业发展的良机。新馆应该成为图书馆事业发展的新平台，而业务准备工作既对图书馆建筑在功能上提出要求，加以完善，可以补充建筑的不足、化解设计的缺失；同时，也要制订新的发展目标，明确新馆的定位，充实馆藏资源体系，创新服务模式与服务内容，提高员工的业务素质，为新馆提供丰富、完善的服务功能。业务准备对图书馆来说，更为重要。

（四）集群原则

图书馆发展的集群化明确体现了当今社会和谐发展观的思想。和谐发展观要求我们在发展的同时必须注意保持人与自然之间的和谐，也必须保持社会各阶层之间以及人与人之间的和谐。以此为发展原则，图书馆集群发展模式则是立足于整个图书馆事业发展的高度所提出的适合未来图书馆发展趋势的科学模式。

要站在战略高度科学规划图书馆事业的发展。由于城市经济的发展，市财政资金越来越充裕，对市级图书馆的投入大大增加，市图书馆的办馆条件越来越好，而基层图书馆从其所属的基层政府组织获得的资金投入相对不足。这往往形成图书馆一强众弱的局面，给市民就近利用图书馆带来了不便。长期来看，图书馆格局将是市级图书馆（城市中心图书馆）、区图书馆、街道图书馆、社区图书馆、乡镇图书馆共同发展，共同繁荣的局面。新馆建设时，一定要充分考虑到这种发展趋势，科学确定城市中心图书馆的地理位置、建筑规模和功能定位，使中心馆和集群成员馆共同构建方便、适用的图书馆网络，更好地促进图书馆事业的整体发展。

在建筑设计方面要满足作为城市中心图书馆应该具备的功能和条件。一方面，它是城市文化标志，传递城市品位，展示城市气质，建筑体应充满个性和吸引力；另一方面，建筑设计需求受图书馆的定位和管理模式的影响很大，作为中心图书馆的使用功能必然与非中心图书馆的使用功能有所不同，这也对建筑设计提出了新的要求。城市中心图书馆的建筑设计不仅要满足作为普通图书馆的一般需求，还应满足图书馆集群之间的人、财、物、服务等有效沟通、整合和管理的特殊需求。

在进行新馆自身建设的同时，要立足于中心图书馆的定位，进行资源配置、资源整合和资源共享；通过采用现代信息技术手段，提高传统图书馆的服务能力，增强实力；开展联合服务，拓展服务领域，最大限度地满足读者的需求。也就是要充分考虑树立集群发展理念，建立中心图书馆模式，在统一管理、业务组织、技术开发上发挥重要作用。

（五）前瞻原则

图书馆一旦建成，其使用期一般都比较长，长达十几年甚至几十年。为保证图书馆在如此长的时间内始终保持其应有的基本适用性，在进行图书馆建设过程中一定要注意到前瞻性原则。

在图书馆的选址上，要考虑到未来较长一段时间内城市的建设发展及其规划，为图书馆预留出一定的发展空间。现在城市用地越来越紧张，这种紧张趋势随着时间的推移只会愈演愈烈。因此，在图书馆新馆选址时一定要预留一定的地皮，为图书馆将来的可持续发展奠定基础。现在争取到的地皮尽量通过城市发展规划、政府文件或者人大决议等形式固定下来，避免随着时间的推移、情况的变化，预留地皮被逐渐"蚕食"，影响未来图书馆的进一步发展。

在图书馆的建设规模上，要考虑五年、十年甚至更长时间后图书馆能否满足城市发展对于图书馆的需求，在投资额度、近期利用率以及远期发展之间找寻一个恰当的平衡点。城市发展日新月异，图书馆的发展同样如此，试图一劳永逸地解决图书馆发展问题或者太过保守都是不可取的，也是不现实的。

在图书馆的内部布局上，要为未来服务量增长预留出一定的空间，不同功能区之间的面积配比要恰当合理。最能直接体现图书馆服务量增长速度的物理区域是文献储藏区和读者活动区。在设计时，可以根据图书馆与城市的发展测算年藏书量的增长速度和年到馆读者数量的增长速度，从而为若干年的发展预留出文献储藏空间和读者活动空间。

在新技术产品的选择上，既要考虑应用代表未来发展趋势的新技术产品，又要避免投入过大造成浪费。信息技术等高新技术产品特别是硬件产品有一个重要的特点，就是：刚投放市场时价格高，但更新淘汰的速度快，产品贬值也就快。相对而言，软件产品和数据库产品一般不易贬值。图书馆在选择新技术产品时要特别注意高新技术产品的这个特点，慎重选择，按照数据库产品、软件产品、硬件产品的先后顺序选用新技术产品，既要享受新技术产品之便利，又要避免在这方面投入过大。

第二章 图书馆新馆建设实践

馆舍建设是图书馆新馆的基础，办馆理念和管理模式决定新馆的未来发展和走向。新馆形象的树立不仅借助于建筑、布局、设备等静态要素，更取决于图书馆的服务水平、资源建设和技术应用等综合动态要素。

第一节 图书馆新馆建设各阶段工作

图书馆新馆建设按照建设流程可以划分为新馆建设工作的筹备、规划、立项、编制建设任务书、建设设计、施工、监理、设备采购与安装、验收、新馆开馆、用后评估等诸多环节，每个环节按照不同角度又可细分成许多更细的环节。新馆建设顺利、成功地进行，既要求我们在宏观层面上对新馆建设阶段有一个总体的把握，又要求我们在微观层面上对诸多细节进行有效的管理。

一、新馆建设工作的筹备

图书馆新馆建设工作的筹备是在新馆建设原则指导下制定出关于新馆建设的一系列具体规则，以之作为撰写新馆建设任务书的指针，并对图书馆的定位、规模、选址、新馆与旧馆、造型、新馆建设进行深入细致的调研与考察工作，建立和运作新馆建设领导组织与工作班子，最终对图书馆在新馆建设中的地位与作用等诸多重要问题做出相应的规定。

（一）新馆定位

图书馆的准确定位是新馆建设理念中最为重要的部分，只有解决了定位问题，接下来才能解决规模、布局等问题。迄今已有许多学者研究了图书馆的定位问题，取得了一些很有价值的成果。

图书馆是积累文化和传播先进文化的基地，现代图书馆最基本的社会功能仍然是积累文化，传播知识。其宗旨是让社会成员分享人类积累的和正在创造着的智慧成果，它是面向广大人民传播先进文化的基地，是群众利用得最多的文化机构，是以传播知识为主体的文化中心。

每个地区的政府和居民往往把该地区图书馆视为城市建设的重要窗口，是地方文化形象的主要构件，是一个地区经济社会发展水平的重要体现，是城市的一张名片。随着国内对城市化建设的普遍重视和建设热潮的到来，图书馆这一城市的标志性建筑必然会更加受到关注。这是从形式上对图书馆建筑的比较准确的定位，即图书馆应是其所在城市的标志性文化建筑。这一定位既考虑了图书馆的建筑形式，又考虑了图书馆的文化内涵，将形式与内容很好地结合在了一起。

作为城市标志性文化建筑的图书馆，其设计理念和思路一定要注重与城市总体发展规划相一致，而且应特别注意与图书馆集群发展的趋势保持一致。如果背离了城市总体发展规划，没有切实注意图书馆集群发展趋势对于单馆建设的影响，那么图书馆的发展将会受到很大的影响和制约。同时，还要对图书馆周围环境、交通进行细致的调查研究，图书馆建筑风格既要与周围环境协调一致，又要突出自身的特点。内部设计上要将开放性、灵活性、适用性、舒适性、经济性等结合起来。

作为城市标志性文化建筑的图书馆，要关注建筑本身所蕴含的文化属性的表达。根据建筑物的使用功能及内在属性的不同，一个城市可以有标志性文化建筑、标志性旅游建筑等。那么，作为市民开展终身学习的文化场所，图书馆应如何区别于博物馆等其他文化建筑设施而成为城市的标志性文化建筑呢？除了应具备鲜明特点的外在建筑形式外，更主要的是要依靠图书馆的文化内涵，而图书馆的文化内涵应通过为读者提供一系列的具体服务体现出来。

（二）新馆规模

现在有一种片面追求馆舍规模的浮夸趋势，认为图书馆建筑规模越大越好，越大才越能显示出图书馆的实力和水平，越大才越有资格成为城市的标志性建筑，其实这种认识带有很大的片面性。图书馆的建设规模直接关系到其未来的发展，应从可持续发展的角度慎重考虑并确定新馆的建设规模。

图书馆的规模要适当，面积过大与过小都不可取。面积过大，不仅不能物尽其用，而且会因物业、水、电等运营成本过高而造成严重浪费；面积过小，未经几年，便难与城市发展需要相适应，从而难以满足读者对图书馆的需求，若因此再建新馆，势必兴师动众，影响图书馆正常工作，甚至适得其反，导致浪费。那么，怎样才能确定和规划出一个合适的新馆建设规模呢？

第一，根据城市发展合理确定新馆的服务期限。图书馆建筑作为一种固定的公共文化建筑设施，一旦建成其使用寿命都是相当长的，一般长达50年以上。但是公共图书馆所在的城市却每时每刻都在发展变化，我们不能等到一座图书馆的使用寿命结束了才着手考虑新馆的建设，因为新馆建设不可能一蹴而就，而是有一定建设周期的，因此要在新馆建设之初就推算出其较为合理的服务期限，在服务期限之内使得图书馆投资效益最大化。服务期限到了之后，立即实施已制订的规划，或进行扩建，或另建新馆。

图书馆新馆的服务期限可长可短，一般可以考虑设定在5~20年，短于5年或长于20年都不可取。有的地方建新馆时按照50年的服务期限来确定建设规模，显然太长了。这种思路不仅直接导致建设规模过大、投资过高，而且建成后运营成本过高，甚至不能很好地适应城市整体发展。

第二，根据图书馆集群发展趋势确定新馆规模。图书馆集群化发展趋势是图书馆未来发展的必然，集群化对于单馆的影响是非常深远的。作为城市中心图书馆，由于在图书馆集群中发挥着主导和核心作用，其许多功能是非中心图书馆所不具备的，这些功能大都需要建筑上、网络上等的支持，在一定程度上影响着图书馆的设计、投资布局，进而对图书馆的建设规模产生影响。而为了实现集群内图书馆的共建共享，同样要求非中心图书馆应具备必要的建筑布局和相对合理的规模。

第三，根据投资规模确定建设规模大小。投资规模固然受新馆的服务期限和新馆建设规模需求的影响，但从根本上讲，投资规模决定着建设规模的大小。新馆建设的投资额度一旦确定，建设规模即随之确定。尽管如此，建设规模的大小仍然有一定的弹性空间，但这种弹性空间很小，不能任意伸缩。例如加大馆舍面积，则用于土建工程的投资所占比例必然会增高，于是用于内部装修装饰和设备方面的投资比例就会相应降低，反之亦然。若二者比例失调，投资效益定会大受影响。

第四，根据未来10年内的社会整体发展预测规模大小。从目前社会经济、文化、科技等各方面的发展趋势看，未来10年间城市整体实力将发生巨大的变化。因此，从新馆建成投入使用起满足10年服务期限的需求来预测新馆建设规模的大小比较合适。一方面要考虑10年间城市发展对于图书馆产生的新的需求，这种需求有服务量的增长，也有质的变化；另一方面综合考虑图书馆10年内的发展变化以及是否能够满足10年内城市发展对于图书馆的需求。

第五，根据建成后的预计运营费用测算规模。图书馆是一个巨大的能源消耗体，用水、通风、照明、制冷、取暖、设备运行等都要消耗大量的水及其他能源。另外，物业管理和运营维护也需要大量的人力和物力，这一切都需要大量的运营费用来保障。科学、准确地测算出图书馆建成后的运营费用，并确认城市能否提供其所需要的运营费用，对于图书馆的可持续发展非常重要。一定要避免投入巨资建起一座规模庞大的图书馆，但建成后没有足够的资金保障其正常运营。所以图书馆建设规模的大小既取决于当前，也取决于未来。

(三) 新馆选址

新馆选址是图书馆建设中复杂的问题，《公共图书馆服务发展指南》中指出："公共图书馆的服务点设置的位置必须最大可能地方便社区的居民。如果可能的话，它应当位于交通网络的中心点附近和靠近社区活动的地方。"《图书馆建筑设计规范》规定："馆址应选择位置适中、交通方便、环境安静、工程地质以及水文地质较有利的地段。"此外，新馆的选址直接关系到新馆的造价、读者服务以及未来的发展等，因此在新馆选址问题上还需要注意以下几个问题：

第一，新馆选址与城市发展规划。图书馆的发展与城市的发展息息相关，新馆选址一定要与城市发展规划相一致。认真细致地研究城市近期、中期和长期的发展规划，为新馆选择一个合适的馆址，最好把馆址选择在城市发展规划中大力发展的地区。

第二，城市中心地带选址与非中心地带选址。过去人们往往认为图书馆应该建在城市中心，这样交通便利，读者往来方便。然而当今的城市规模越来越大，土地资源越来越紧张，尤其是城市中心地带更是寸土寸金。新馆在城市中心地带选址，必然会面临土地资源有限、空间狭小、地价过高、交通拥堵、未来发展受限等现实问题。因此，今天有更多的新馆改在城市的非中心地带选址，可以很好地规避上述问题。不过，非中心地带选址也存在着交通不是十分便利、周围人口不是太多等相应的问题，但可以通过配套建设新馆地段的交通网络加以改善和解决，仍旧要比城市中心地带选址更为经济可取。

第三，新馆选址与城市交通。交通情况是影响图书馆读者到馆率的重要因素之一。《公共图书馆服务发展指南》指出："在比较发达的市区和郊区，公共图书馆应在15分钟开私车的车程设置一个馆。"按此推算，公共图书馆的辐射半径大约在十公里。如果居民居住地距离图书馆有十公里以上，再加上交通不够便利，他一般就不会去图书馆了。因此，新馆选址务必要考虑并解决好新馆周边的交通问题。

第四，新馆选址与周围环境。新馆选址还要注意与周围环境的协调，如果能与公园、博物馆、美术馆、电影院、文化广场等休闲文化场所相毗邻，就能够互相借力，有机结合，相映生辉。同时，还应注意新馆的位置及外观一定要比较醒目，易于见到。

第五，恰当解决新馆与旧馆的相互关系。

一般情况下，图书馆建设都会面临如何解决新馆与旧馆相互关系的问题，除非以前没有图书馆，现在是第一次建设图书馆。从建筑层面讲，解决新馆与旧馆的相互关系，主要有在旧馆基础上进行改扩建或不考虑旧馆另外建设新馆这样两种办法。采取何种办法要根据新馆、旧馆的条件和具体的实际情况来决定。

符合下列条件的一般采取在旧馆基础上进行扩建的方案：

第一，旧馆周围环境和空间还有足够的余地，允许进行扩建。

第二，旧馆的建筑结构、内部布局与新馆设计有比较大的相似之处。

第三，改扩建后新馆与旧馆浑然一体，没有不一致的地方。

多数图书馆尤其是那些建筑时间较早的图书馆一般都在城市的中心地带，经过许多年的发展，其周围环境已经发生了很大的变化，许多当初预留的发展空间现在也已不存在了，再行扩建已没有余地，这种情况下就不宜采取改扩建的方案。另外，如果旧馆建设时间早，其楼层数量、楼层高度、内部布局特别是楼宇布线方面与新馆设计存在较大的差距，不应削足适履，进行改扩建，而应另建新馆为宜。

从业务层面上讲，如果不考虑旧馆建筑而另外建设新馆，旧馆的处理也有两种方式：一种是放弃，将旧馆交由有关部门处理；一种是将旧馆作为分馆使用。多数图书馆采用的是后一种办法，新馆建成后将旧馆设为分馆，继续为市民提供服务。

（四）新馆外部造型

图书馆的建筑造型指的是图书馆内部和外部的空间表现形式，是人们对于图书馆建筑空间的立面、形状、大小、质感、色彩、细部等物化形态的直观感觉。图书馆作为一座城市的标志性文化建筑，除了具有实用功能外，还有标志功能、象征功能和文化功能。图书馆的造型是体现上述功能的物质基础，尤其是外部造型对于标志功能、象征功能和文化功能的体现尤为重要。

决定和影响图书馆外部造型的主要因素如下：

第一，内部空间决定图书馆外部造型。功能决定形式，图书馆的外部造型受内部空间的制约。模数式图书馆内部空间按照统一柱网、统一层高和统一荷载"三统一"的模数设计，决定了图书馆的外部造型多采用简单、大方的长方体或者长方体的变形等形状，但由于受内部空间"三统一"模数的制约，外部造型就相对缺乏变化，比较呆板、单调。而模块式图书馆内部空间由于将模数式设计与功能块的灵活运用相结合，其外部造型就明显比模数式图书馆增加了许多变化，显得更加丰富美观。

第二，周围环境和建筑对图书馆外部造型的影响。馆址毗邻公园，或者择于高处，或者位于湖畔，或者处江边海滨，其外部造型受不同环境之影响自然要有所不同，以求和谐。毗邻公园者，外部造型会带上一些柔美的特点；择于高处者，外部造型会带上一些雄健的特点；位于湖畔者，外部造型会带上一些恬静的特点；处江边海滨者，外部造型会带上一些壮阔的特点。

第三，地方背景对于图书馆外部造型的影响。图书馆作为城市的标志性文化建筑，其外部造型必然要受到当地自然条件、地方文化、经济发展、传统习俗、生活习惯、技术条件等背景因素的影响。地方背景有时候会成为影响图书馆外部造型的决定性因素。

第四，建筑设计师等对于图书馆外部造型的影响。建筑是由建筑设计师创作出的凝固的艺术，如同画家、音乐家一样，其所创作出的作品中都深深蕴含着自己的思想和文化背景，并处处彰显出自己对作品的独特理解和领悟，因此其外部造型必然打上建筑设计师等人员个人的烙印。

(五) 新馆建设的调研与考察

图书馆建设立项后，新馆建设正式拉开帷幕。对于图书馆而言，首先要提出一个全面、合理、高质量的新馆建设任务书。如果说，建筑设计图是新馆的建设蓝图的话，那么，新馆建设任务书便是蓝图的蓝图。绘制好这份蓝图的蓝图，必须要经过大量翔实的调查研究，以借鉴和吸取其他图书馆成功的经验和失败的教训，避免自己重蹈覆辙。

调查研究一般有两种方式：文案调研和实地考察。文案调研就是利用各种图书、期刊、报纸、网站和数据库等资料，查找与自己新馆建设有关的一切文字、图片等资料，以期对自己的新馆建设有所比较、有所研究、有所参考、有所借鉴。实地考察就是新馆建设单位派出本馆有关同志到其他图书馆进行实地参观、考察、观摩和调研的过程。

文案调研是实地考察的基础和前奏，一般而言，大多数图书馆的工作人员对于建筑及其相关学科都是外行，细致的文案调研不仅是编制新馆建设任务书所必需的环节，也可以让图书馆工作人员在较短的时间内接触到大量的新馆建设材料，使大家对于图书馆建筑及其相关学科有一个大致的了解，为以后的工作打下必要的理论基础。

文案调研涉及下列几类资料：首先是国家的相关标准和规范，其中由中国建筑西北设计研究院主编，中国建筑工业出版社出版的《图书馆建筑设计规范》是文案调研的必读资料。该规范正文包括总则、术语、选址和总平面布置、建筑设计、文献资料防护、消防和疏散、建筑设备七个部分，附录包括藏书空间容书量设计估算指标、阅览空间每座占使用面积设计计算指标、目录柜占用面积计算公式三部分内容。该规范基本上涵盖了图书馆建筑涉及的各个方面的标准和规范，是新馆建设过程中特别是文案调研阶段案头必备之书。当然，有些方面也不能被规范局限住，比如目录柜是否保存，若保存，占用多大面积为宜，显然不能拘泥于规范，而应当充分考虑到信息技术的发展对图书馆建筑所产生的重要影响。

文案调研的第二类资料是关于图书馆建筑方面的图书，国内外出版的关于这方面的图书有很多，比较重要的有以下几种：鲍家声编著的《现代图书馆建筑设计》、吴建中主编的《国际图书馆建筑大观》、李明华等主编的《中国图书馆建筑研究跨世纪文集》、英国迈克尔·布劳恩等所著《图书馆建筑》（中译本）等。

文案调研的第三类资料是由图书馆界的人员撰写并发表于有关期刊、报纸上的关于新馆建设的文章，这类文章一般都是新馆建设实践经验的总结，作者多为参加过新馆建设的，具有很强的实用性和针对性。

文案调研的第四类资料是已经完成新馆建设的图书馆内部的各种有关资料，比如设计任务书、设计方案、会议记录、图片等等，属于图书馆自身所有，且未公开发表。这部分资料是新馆建设过程中的一手资料，具有很高的实用性和参考价值，但一般可以通过关系不错的图书馆私下获得。

文案调研的第五类资料是图书馆的网站，许多图书馆在新馆建成后，都要把一些新馆的照片、楼层分布图等有关资料放到自己的网站上，以期达到宣传和介绍新馆的目的。安排有关人员到这些网站上把有关内容下载下来并进行整理，也会获得不小的收获。

文案调研的第六类资料就是数据库，不少数据库都收录了建筑学或者图书馆建筑方面的资料，并且提供了方便的检索途径，资料丰富且更新及时，是对文案调研资料的一个非常有效的补充。比如，e线图情就专设有"图书馆建设"子网站，其中收录有新馆选址与布置、建筑设计、消防疏散、建筑设备等各个方面的资料，还开设有馆长访谈、新馆写真、照片集萃、馆建要闻等栏目，专门介绍新馆建设中各个方面的工作，是一个很好的文案调研的数据库。

文案调研的过程是了解和学习新馆建设的过程，从而先对新馆建设形成一个宏观和概括的认识，继而整理成为文字，形成文案调研报告。在文案调研报告中要将新馆建设的整个过程即从规划到验收再到用后评估梳理清楚，明确各个环节预算占整个预算的比例，还要明确各个环节完工所需要的时间占总体时间的比例，并尽量详尽地列出各个环节最容易出现的问题，最后还要归纳整理出在整个新馆建设过程中需要用到的资料目录。

文案调研报告还有一项内容就是要列出实地考察的提纲。理论须与实际相结合，有些问题需要经过实地考察后产生感性认识，才能真正领会。实地考察之前一定要做好充分的准备，才能确保考察达到预期的效果。

根据实地考察的提纲以及需要实地了解的问题，可以确定若干个图书馆作为考察对象，每个图书馆最好在某个方面有着不同于其他图书馆的特点，这样每考察一个图书馆都可以重点解决某一方面的问题，不致重复。为节约经费、人力以及时间，提高效率，应当精选考察对象。

然后选定人员成立考察小组，明确各成员的考察侧重点。比如，有的重点负责图书馆造型设计的考察，有的重点负责电子阅览室的考察，有的重点负责家具的考察，有的重点负责馆内网络布线和消防设施的考察等等。每位考察成员都要列出各自所负责的考察侧重点的详细考察清单，事先开列出实地考察中需要了解的问题，以免考察中有所遗漏。

前往考察前，应先与被考察单位联系好，将所要了解和咨询的重点告知对方，以便对方做好有针对性的准备工作。出发时最好带上一个小型录音机、数码相机等，以便将考察过程中有价值的内容及时记录下来。无论是与被考察单位座谈，还是参观对方馆，都要紧紧围绕文案调研报告所提出的问题有针对性地咨询和了解，并做笔记，随时随地利用录音机、照相机、摄像机等各种手段和设备做好资料收集和保存工作。每次考察结束后，要及时进行总结，以免日久遗忘。

（六）新馆建设领导组织与工作班子的建立与运作

图书馆新馆建设是一项涉及面广、建设周期较长且复杂的系统工程，正确而强有力的领导是新馆建设工程顺利进行的重要保证。一般而言，新馆建设的领导组织与工作班子包括新馆建设委员会、新馆建设工程指挥部、新馆建设领导小组。这三套班子的人员组成、职责、工作范围各有侧重。新馆建设委员会是一个咨询性质的顾问机构，其人员组成范围比较广，主要就新馆建设的重要问题提出咨询意见供政府有关部门和领导决策时参考。新馆建设工程指挥部是新馆建设工程的领导机构，由市政府授权成立，其人员组成主要来自政府相关部门和图书馆，主要负责市政一级关于新馆建设的领导、组织、指挥、监督等工作。新馆建设领导小组是图书馆内部新馆建设工程的领导机构，负责在图书馆内部组织、领导新馆建设各项工作的开展，以及与有关部门和机构进行联系和沟通。

1. 新馆建设委员会的建立与运作

在新馆建设的立项阶段，图书馆就应向上级主管部门领导建议及时成立新馆建设委员会。新馆建设委员会是为保证图书馆建设顺利进行而设立的一个决策顾问、决策参考、决策咨询与决策沟通的机构，一般由来自下列单位的代表组成：图书馆的上级主管部门、图书馆、外脑单位、设计单位、监理单位、建筑施工单位、验收单位以及其他有关单位。

图书馆的上级主管单位在行政上是图书馆的领导单位，同时也是图书馆建设的最大支持单位，新馆建设的立项、资金的争取、项目的开工、图书馆的后期建设等各个阶段都离不开上级主管单位的领导和支持。图书馆新馆建设委员会一定要有自己的上级主管单位的领导或代表参加，这样做的好处是：第一，涉及与城市建设、发展相关的全局性问题，图书馆上级主管领导对整个城市的市政建设等情况更为了解，能够帮助图书馆做出更合理的决策。第二，重大问题可以随时让自己的上级主管领导掌握，并能够及时听取到领导的意见和建议，避免出现失误。第三，新馆建设是一个庞大的系统工程，事前虑之再全，也难免有不周之处，中间还可能需要根据进展情况及时调整或变化，甚至增加预算。图书馆上级主管单位的领导参加新馆建设委员会的工作，便于取得他们的谅解与支持。第四，图书馆上级主管部门领导作为图书馆新馆建设委员会的成员全程参与新馆建设，必然会为之倾注更多的心血和精力，当新馆建成后也就更容易赢得他们的进一步支持。需要注意的是，最好请上级主管部门直接负责图书馆工作的领导同志参加，这样效果最好。

图书馆的领导同志参加新馆建设委员会是题中应有之义，人数最好是两人，一人自然要是馆长，另一人可以是一位副馆长，也可是馆内新馆建设工作组的秘书。馆长负责新馆建设委员会的筹建、日常联络、运作以及向委员会介绍新馆建设的宏观进程和问题，另一人负责就有关问题进行详细说明或者回答委员们对有关情况的问询。

外脑单位的代表一般是图书馆从与本馆新馆建设没有业务关系的单位聘请一些专家作为顾问。因为单位之间没有业务关系，且这些专家与新馆建设参加单位之间并无联系，所以他们的观点和看法一般比较中立。外脑单位的代表一般包括：规模与本馆相当的图书馆馆长一名、建筑学家一名、信息应用专家一名、财务专家一名。

设计单位的代表在设计中标后即进入新馆建设委员会。一般情况下，建筑设计一旦完成是不会轻易改变的，但一成不变的设计也是没有的。随着工程的进展，许多在设计时没有考虑的情况可能会出现，或者虽然考虑到了但与实际情况并不完全相符，这时就要对原先的设计方案进行调整和修改。由设计师直接进入新馆建设委员会，遇到上述情况就比较容易沟通，便于及时调整和修改设计方案。为此，由设计师担任新馆建设委员会成员要作为设计招标的一个条件直接提出。

建筑施工单位的代表也是在建筑施工中标后进入新馆建设委员会的。建筑施工是新馆建设的主体工程，建筑施工单位的代表参加委员会非常重要。新馆设计是否科学合理、是否有纰漏、预算是否合理等等，都会在建筑施工过程中一一得到检验。建筑施工单位的代表参加新馆建设委员会有助于图书馆及时全面地掌握施工进度和有关情况，加强对建筑施工过程的管理和监控。

监理单位的代表参加新馆建设委员会可以使图书馆随时掌握和了解新馆建设的进程、质量、安全等情况，也可以使监理单位和被监理单位之间有一个较好的沟通平台，将问题摆在桌面上，使监理工作更加规范。

验收单位指的是环保、消防等执法管理部门，上述部门的提前介入可以使设计、建筑施工等有关单位从一开始就对环保、安全等问题重视起来，从根源上做到防患于未然。

为保证新馆建设委员会的有效运行，应当在新馆建设的总体预算当中列出新馆建设委员会的运营费用，主要用于支付有关委员（如所聘请的外脑单位代表）的劳务费、必要的会议费用等等。

新馆建设委员会的主任委员可以请图书馆上级主管部门的领导同志担任，副主任委员由图书馆馆长担任，秘书由图书馆的另一位同志担任。

新馆建设委员会根据需要定期或不定期召开会议，具体周期可以根据工程进展情况确定。每次开会之前，由副主任委员将会议的主题和内容提前通知各委员，同时准备好相关的书面材料，事先确定并提前通知会上要主要发言和介绍情况的有关委员，以便他们做好相关准备。要注意掌握和控制会议的节奏和进程，力戒不着边际的漫谈，每次会议都要形成明确的建议性结论，相关单位或委员下次会议时还要向委员会汇报整改或处理结果。做好会议记录或录音、录像工作，整理出会议纪要并下发相关单位和人员。

2. 新馆建设工程指挥部

图书馆新馆作为城市的标志性文化建筑，是一项重要的市政文化工程，工程的顺利进行，依赖于政府各个相关部门、机构、社会各界的积极支持，需要充分调动、运筹一切资源，及时处理和解决工程中出现的各种问题。承担上述职能的领导班子非新馆建设工程指挥部莫属。新馆建设工程指挥部是由政府成立的领导、指挥图书馆新馆建设工程工作的临时领导机构，它担负着决策、领导、组织、指挥、调整、监督等管理职能。

新馆建设工程指挥部的指挥长由主管文化教育工作的副市长担任，副组长由市计委、市建委、市文化局等部门的领导同志担任。其成员包括市规划局、土地局、财政局、电信局、供电局、市政局、园林局、公用局、新馆所在城区区政府、交管局、公安局消防处、文化局、建筑设计单位、图书馆等相关机构的领导和其他有关同志组成。工程指挥部下设办公室，一般与市文化局基建办公室合署办公。

新馆建设工程指挥部是在市政层面上对新馆建设工程进行领导的组织机构，它所解决的问题都是关系到新馆建设工程能否顺利进行的关键问题，比如投资是否能否足额到位、新馆建设用地是否能及时征用、新馆建设涉及的税费能否优惠等等。

图书馆的馆领导作为新馆建设工程指挥部的成员，要充分利用新馆建设工程指挥部这个平台，及时有效地向指挥部的各位领导同志汇报新馆建设工程的进展情况，如实反映遇到的困难，并将新馆建设委员会提出的咨询报告及意见和建议及时提供给指挥部，以便有关领导参考决策，从而使困难和问题尽快得以解决，确保新馆建设工程的顺利进行。

3. 新馆建设领导小组的建立与运作

新馆建设领导小组是图书馆内部新馆建设工程的领导机构，负责组织、领导新馆建设各项工作的开展。图书馆一旦有新馆建设的意向或打算，经过馆长办公会议讨论决定之后，就应立即成立新馆建设领导小组，集中力量着手进行新馆建设的规划与立项。新馆建设领导小组越早成立越好，这一点很重要，可以缩短总体建设周期，尽量争取时间，因为大量的前期准备工作比如申请批准立项等需要一定的时日，应当尽早开展起来。

新馆建设领导小组的组长由馆长或实际主持工作的常务副馆长担任，下设若干分组和新馆规划办公室，由馆级领导或中层干部担任分组长，主要有秘书组、需求组、土建组、监理组、验收组、设备组等，分组的种类与数量各馆根据具体情况确定。各分组成员从各部门抽调组成。

秘书组负责新馆建设领导小组的日常工作，是新馆建设工程的枢纽。需求组负责提出和撰写新馆建设的总体需求。其他各组分别负责其所负责各个方面工作的文案调研、实地考察、需求分析、过程管理等有关工作。各分组在工作过程中要注意文档资料的积累和保存，并且定期向领导小组汇报进展情况。

各分组应该未雨绸缪，提前做好各项准备工作，比如设备组应该尽量提前对图书馆所需要的有关设备进行充分翔实的调研，掌握并分析设备最近和未来的市场情况、价格走向和技术趋势，以确保购买到性价比最好的设备。又比如验收组，要提前完成验收方案，并与监理组沟通，将质量控制贯穿于整个施工过程中，有效保证工程的建设质量。

新馆建设领导小组在正式运作之前，最好进行一次短期的培训，主要包括两大部分：建筑工程知识培训和建筑工程项目管理培训，使大家对建筑工程及其管理先形成一个全面概括的了解。

建筑工程知识培训内容一般包括建筑材料、建筑构造、建筑识图、建筑施工技术四个方面的内容。建筑材料要简要介绍钢材、铝合金、凝胶材料、混凝土、砂浆、墙体材料、屋面材料、石材、木材、塑料、绝热材料、吸声材料、隔声材料、防水材料、装饰材料等主要建材的类别、名称和性能。建筑构造和建筑识图则主要介绍基础、地下室、墙体、楼板、地面、屋顶、楼梯、门窗、变形缝等建筑物的组成部分及设计图纸。建筑施工技术需要讲解土方工程、地基与基础工程、钢筋混凝土工程、建筑工程、预应力混凝土工程、钢结构工程、结构安装工程、防水工程和装饰工程等内容。

建筑工程项目管理知识培训一般包括项目组织、项目投资控制、项目管理、项目发包与承包、招标投标、评标办法等内容。

(七) 图书馆（使用方）在新馆建设中的地位与作用

新馆建设是一项系统工程，参与单位众多，直接涉及的有业主单位、招标服务单位、设计单位、建筑施工单位、装修装饰单位、家具设备提供单位、监理单位等等。而与这些单位相关的还有若干间接涉及的单位，比如业主单位就包括图书馆本身及其上级主管单位和相关单位；或者某一类单位由多个单位共同组成，比如招标服务单位和设计单位可能有好几个，家具设备提供单位包括若干个家具供应单位、若干个技术设备提供单位等等。在整个建设过程中图书馆作为核心要与上述单位发生多种多样的业务合作关系，物流、资金流、人流和业务流相互交织。新馆建设管理就是要很好地处理上述单位之间的各种关系，保证新馆建设工程能够高效、顺利地进行。

1. 以馆长为代表的图书馆工作人员的全程参与

在图书馆建设过程中，图书馆无疑处于一个核心的关键地位。因此图书馆的参与情况和程度对于图书馆建设的成败至关重要。因为图书馆建设的投资者是地方文化主管部门或者其他有关政府机构等图书馆的上级主管单位，所以图书馆首先要努力使自己的上级主管单位明了和认可图书馆全程参与图书馆建设的意义和重要性，从源头上确保自己全程参与图书馆建设的权利。

这里面的"全程"是很重要的，参与不是阶段性的，而是在新馆建设申请、新馆选址、建设任务书的提出、招标评标定标、设计、建筑施工、装修装饰、监理、审核验收、搬迁、用后评估等各个环节图书馆都必须参与。在一些地方往往会出现这样一个认识误区，认为图书馆只是图书馆新馆的使用者，把建好的新馆直接交给图书馆使用就可以了，交付使用之前只是设计施工和装修单位的事情，和图书馆没有关系，这样就把图书馆完全排除在图书馆建筑工程之外，从而导致建成的图书馆多处不适用又难再纠正的问题。所以，图书馆从一开始就要对自己在新馆建设过程的地位和作用有一个清晰的认识，并帮助自己的主管部门也建立起同样的正确认识，确保全程参与新馆建设。

明确了图书馆全程参与新馆建设的方针后，图书馆就要在内部确立参与新馆建设的具体方式——以馆长为代表的图书馆工作人员的全程参与。"以馆长为代表"表明馆长是关键中的关键，他起着组织、领导、控制和协调的作用。另外，"以馆长为代表"还表明不是只需馆长全程参与，而是由馆长组织全馆工作人员集体参加，群策群力，集中大家的智慧，参与新馆的建设工作，以保证新馆建设的顺利进行。

全程参与起始于新馆建设申请，终止于新馆的用后评估。为保证全程参与的效果，防止流于形式，根据具体情况，图书馆应首先成立新馆建设委员会，将政府主管部门、图书馆、设计单位、建筑施工单位等有关机构的领导、代表纳入其中，以保证图书馆从宏观上对新馆建设的管理、控制和监督。

此外，图书馆内部还需要成立新馆建设领导小组，组长由馆长担任，下设若干分组，由馆级领导或中层干部担任分组组长，将新馆建设进程中涉及的各个方面的工作划分到各个分组进行管理和监控，从机制上保证全程参与的执行。比如分设秘书组、需求组、土建组、监理组、验收组、设备组等等，分组的种类与数量各馆可根据具体情况自行确定。

各个小组的任务和工作内容须明确，比如监理组就是协同监理单位对建筑施工质量进行监督管理，同时对监理单位本身也要监督管理，以避免建筑施工单位与监理单位之间建立某种"默契"损坏图书馆的利益。对各分组的工作方式、亲临工地或现场的频次、向领导组汇报的周期和汇报的方式等等也要做出明确的规定，从制度上保证全程参与的执行。

馆长在整个过程中始终处于核心的地位，全程参与不是坐在办公室里听听汇报，而是要深入到现场、深入到一线，切实了解和掌握工期的进展与质量，确保新馆建设的顺利进行。

2. 全面、彻底地树立以"我"为中心的新馆建设主导思想

以馆长为代表的图书馆工作人员的全程参与不是消极的被动参与，而应是积极的主动参与。在众多的参与单位中如何体现图书馆主动的全程参与是很值得研究的课题。图书馆工作人员不是建筑设计专家也不是建筑学家，不是专业的财会审计人员也不是质量监控专家，一句话，图书馆建设是一个跨学科、跨领域的系统工程，而图书馆工作人员只是图书馆方面的专家。隔行如隔山，在这种情况下，作为业主单位或业主单位的代表，如何有效地行使自己的权利，确保图书馆按照自己的需求和意愿建设成功？即如何从根本上保证全程参与的实施和落实？这就引出要全面、彻底地树立以"我"为中心的新馆建设主导思想。

全面是从横向角度讲的，图书馆建设方方面面的工作都要考虑到，根据不同情况和需要采取适当且行之有效的参与方式，以便对于工程的总体进度、局部的进展情况以及各环节的质量控制和存在的问题都能够有及时和必要的掌握，不致有所疏漏。一般地，建筑设计和土建施工阶段是图书馆全程参与最为薄弱的阶

段，因为图书馆对建筑设计、土建施工不熟悉，容易听任设计施工单位自作主张，直到建成后才发现不是自己想要的结果。所以这两个阶段要特别注意以图书馆为中心的新馆建设主导思想的贯彻和强调。

彻底是从纵向角度讲的，对于每一方面的参与要从开始到结束一直坚持下去，发现问题要找出原因直到彻底解决为止。像馆内装修，从设计、施工、监理、验收每个环节都要认真对待，在任何阶段发现问题都不能放过，并一查到底。不仅要查找本阶段是否存在问题，还要经常反复查找前面阶段是否仍存在问题，另外也要审查监理单位是否有失职行为。在验收时，一定要请环保监测部门检查室内有害物质残留是否超标，如若发现超标，务必要找出造成超标的因素，并责成有关单位彻底解决。

从根本上来说，图书馆建设不是其他单位的事情，而是图书馆自己的事情。其他单位都是围绕图书馆来展开工作的。不可认为新馆设计只是设计单位的事情，不可认为建筑施工只是建筑单位的事情，不可认为质量控制只是监理单位的事情等等。在任何一个环节，图书馆都处于需求、管理和监督的主导地位，这便是以"我"为中心的根本含义。

图书馆建设是一个复杂的系统工程，建设周期少则2~3年，多则4~5年甚至更长时间。工程开始阶段，一则有新鲜感，二则精力充沛，就比较投入，参与的主动性与彻底性自然好些。然而到了中后期，新鲜感消失，人员也开始疲惫，很容易产生懈怠情绪，主动性逐渐减弱，现场也渐渐去得少了，认真细致的程度会大大削弱，甚至发现了问题也懒于深究。因此，必须时刻提醒自己必须将全面、彻底贯穿于整个图书馆新馆建设的始终。

还有一种情况需要注意，有的图书馆建设周期较长，以致出现了图书馆领导班子换届尤其是图书馆馆长换人的情况。新老班子交替时，图书馆新馆建设的管理、监督和控制等环节非常容易出现疏漏。如果换届尤其是馆长换人是不可避免的，为保证新馆建设工作的连续性，在新一届班子中应尽量保留一定数量的上届班子成员。

二、新馆建设的规划与立项

确立了以馆长为代表的图书馆工作人员全程参与以及全面、彻底地树立以"我"为中心的新馆建设主导思想的建馆理念,并建立起新馆建设领导小组之后,即可着手进行新馆建设的规划和立项工作。

(一)新馆建设的规划

规划阶段的主要任务是通过向上级主管部门提交《关于新建图书馆的报告》,并附以《新馆基本建设建议书》,以征得上级主管部门的批准,并将图书馆的新馆建设规划纳入城市整体发展建设规划。

在《关于新建图书馆的报告》中,须简要说明图书馆的现状和存在的问题、新建图书馆的必要性及规模,提请批示,并将具体内容放在《新馆基本建设建议书》中详细阐述。

在《新馆基本建设建议书》中,首先要分析城市发展的现状和趋势,以及由于城市发展对图书馆所提出的新的需求,图书馆的现状和服务能力与城市发展对图书馆新的需求之间所存在的差距,图书馆的现状和服务能力与市民对图书馆的要求和期望之间所存在的矛盾,阐明建设图书馆新馆的必要性。另对具有同样发展水平的城市的图书馆新馆建设情况加以介绍,增强说服力。

《新馆基本建设建议书》的第二部分内容主要论证图书馆新馆的成功建设对于城市发展的意义和作用。首先,图书馆是一座城市的标志性文化建筑,是城市文化品位的象征。其次,图书馆是市民终身学习的地方,对于提高市民文化素质起到积极的作用。第三,图书馆可以为政府决策提供重要的参考咨询服务。第四,图书馆可以为本地企业提供深入的个性化咨询服务。但是受馆舍条件和设备设施的制约,上述几个方面都不能很好地发挥出作用,因此亟待建立一座新馆。

《新馆基本建设建议书》的第三部分内容要对新馆的馆址、旧馆的处理、工程时间、工程投入给出确切的意见和建议,使上级主管部门对新馆的规模、投入等有所了解。

在撰写报告的同时,要经常向上级主管部门的领导同志汇报工作,介绍图书馆的现状和发展中存在的问题，并随时了解市政建设发展的规划和情况，一方面为递交申请报告做铺垫，另一方面为新馆建设工程在市政建设整体规划中寻找恰当的位置。

报告撰写完成之后，图书馆要向上级主管部门——市文化局提交《关于新建市图书馆的报告》（后附《新馆基本建设建议书》），项目建议书获得文化局的批复之后，图书馆即可着手展开立项阶段的工作。

（二）新馆建设的立项

立项阶段的主要任务是编制并向市有关部门呈报《图书馆新馆建设项目可行性研究报告》。可行性研究报告草案可直接以建议书为基础经修改和充实后编制完成，对于建议书的第一部分和第二部分内容不需大动，第三部分内容则需要根据实际情形进行大量的充实和修改。

在可行性研究报告草案的基础上，再委托有资质的工程咨询单位编制出正式的《图书馆新馆建设项目可行性研究报告》，其内容除了草案已包括的内容外，还要包括可行性研究报告的编制依据、新馆配套条件、新馆建筑设计方案、新馆环保、消防和节能、工程各项目的具体投资估算以及研究结论，并附上新馆建筑设计方案图和新馆信息网络设计方案。

通过由文化局所组织的对可行性研究报告的自审后，再请工程咨询单位根据自审意见对报告做进一步修改后，将最终定稿的正式报告连同有关立项的会议纪要、领导批示等材料呈报市发展计划委员会等主管部门审批，审批通过即标志着立项工作的完成。

为了促成立项，图书馆要将各项工作做得扎实细致。首先，要把建议书依据实事求是的原则撰写好。其次，要积极向市委、市政府、市人大、市政协等有关领导同志汇报情况，取得他们的重视和支持。再次，要引起图书馆的上级主管部门——市文化局领导的高度重视，亲自与市计委、市委、市政府等多方沟通，取得一致意见和支持。

立项之后要立即将审批结果、用地规划等相关材料呈报市规划委员会，以尽快取得规划部门的审批，拿到所下达的规划意见书、建设用地规划许可证和国有土地使用证，以利于后续工作的顺利开展。

三、新馆建设任务书

(一) 编写《新馆建设任务书》的意义与作用

《新馆建设任务书》是新馆建设的纲领性文件，是图书馆与参与新馆建设相关机构和人员特别是建筑设计师有效沟通的基础性文件。它不仅是建筑设计师进行设计的依据，也是以后各工期施工的依据，还是图书馆自身进行新馆布置、功能区划分、搬迁工作的依据。即通过《新馆建设任务书》，图书馆须明确提出新馆建设的各项具体需求。

首先，《新馆建设任务书》应全面、系统并且翔实地反映图书馆对于新馆建设的各种具体要求。新馆建设对于任何一个图书馆来说都是一件大事，对于当地城市发展而言同样也是。新馆的建设受包括读者在内的社会各界人士的关注。图书馆作为业主单位，在广泛征求意见和系统的调研考察之后，对新馆建设形成比较全面和系统的想法和意见，通过《新馆建设任务书》的形式得以反映和明确。

第二，《新馆建设任务书》是建筑设计师全面、真实地了解图书馆需求的重要材料，应将图书馆的建设需求和要求以书面文字和草图的形式全面、完整地表达出来。即使《新馆建设任务书》中所使用的并非建筑设计的专业语言，也有助于建筑设计师理解和领会图书馆的需求和要求。

第三，《新馆建设任务书》所下达的任务包括与新馆建设工程相关的所有机构的任务，因此要明确各方任务及责任，以避免可能出现的各种纠纷。《新馆建设任务书》既是新馆建设的纲领性文件，也是新馆建设的行动指针，各方必须以此为准绳，完成所负责的任务并承担起相应的责任。

(二)《新馆建设任务书》的内容

第一，总则。包括新馆建设的总体指导思想与原则。

第二，各类需求。主要包括设计需求、施工需求、综合布线需求、装修需求、设备需求、监理单位需求等等。

第三，财务预算。主要包括设计预算、施工预算、综合布线预算、装修预算、设备预算、监理预算、管理预算、调研预算、咨询预算、搬迁预算等等。

第四，验收标准。主要包括设计验收标准、施工验收标准、综合布线验收标准、装修验收标准、设备验收标准、搬迁验收标准等等。

第五，工作准则。主要包括新馆建设委员会工作准则、新馆建设领导组工作准则、调研工作准则、验收审核工作准则、财务工作准则等等。

第六，组织机构。包括新馆建设委员会名单、新馆建设领导小组以及各分组名单、设计单位、施工单位、监理单位等有关单位参与人员名单。

第七，相关标准。主要包括涉及图书馆建筑的各类国家标准的目录。

(三) 编写《新馆建设任务书》的组织与领导

《新馆建设任务书》由新馆建设领导小组负责撰写，每个分组负责任务书相关部分的起草工作。撰写任务书需要收集和准备大量的材料，因此从一开始就要注意积累和保存各种资料。新馆建设委员会和领导小组的每次会议、文案调研和实地考察都要做好记录，并注意音像资料的留存。

在对调研和讨论的情况和结果加以归纳总结的基础上，编制出任务书的提纲，再根据提纲由新馆建设各分组分头撰写各部分的内容。任务书各部分内容的初稿完成以后，交由馆长统稿，经补充、修改和完善，最后定稿。

四、新馆建设设计

(一) 建筑设计

建筑设计作为一切建筑的施工建设模板，对于图书馆建设的重要性不言而喻，为确保设计图能够全面、准确地反映《新馆建设任务书》中的要求，应选择有一定资质的设计力量强的建筑设计单位承担设计任务。

确定建筑设计单位的方式一般有委托、招标和议标三种方式，现在较多地采用招标的方式。设计招标的程序一般是：

发布招标公告→有意向投标的设计单位报名→新馆建设委员会组织有关专家

对报名单位的业务经历、专业背景以及资质进行预审，确定入围者并在规定的时间内向入围者发出通知→入围单位凭入围通知以及有效证件领取《新馆建设任务书》以及其他有关资料，并缴纳规定数额的保证金→图书馆组织入围单位进行现场踏勘和设计答疑→入围单位在规定的时间内将设计方案递交图书馆→新馆建设委员会组织专家对设计方案进行评审，从中评选出中标方案。

如果图书馆需要进行第二轮招标，则第一轮招标评审结果应筛选出多个优胜方案，优胜方案的设计单位获得参加第二轮招标的设计资格，按照图书馆的要求进行深化设计，然后从中评选出最终的中标方案。

为了保证获得最好的设计方案，设计招标中需要注意这样几个问题：

第一，对建筑设计单位的资质进行严格审核。尽量选择那些既有丰富的图书馆建筑设计经历又有深厚的建筑理论功底，既对现代建筑设计流派比较熟悉又对城市历史文化了解熟稔、富有创作热情的建筑设计单位入围投标。

第二，向方案优胜单位以及需要部分使用其成果的未中标单位支付一定的酬金或补偿费，以调动设计单位的积极性。

第三，将设计任务和需求在《新馆建设任务书》中详细明示，并利用现场踏勘和设计答疑等机会及时给予必要的解释。《新馆建设任务书》是新馆建设的纲领性文件，它所提出的任务是整个新馆建设需要完成的全部任务，《新馆设计任务书》是其中的一项重要内容。设计单位除了需要深入了解设计任务和需求之外，还要对整个新馆建设的指导思想、指导原则以及其他方面的需求有全面的了解和把握，有助于从整体上把握所承接新馆建筑的文化内涵及其对城市发展的意义，使设计思路更加开阔和贴切。

第四，确保设计方案符合国家的有关规定。《建筑工程设计文件编制深度规定（2016年版）》规定："方案设计文件根据设计任务书进行编制，编排顺序为：①封面（写明项目名称、编制单位、编制年月），②扉页（写明编制单位法定代表人、技术总负责人、项目总负责人及各专业负责人的姓名，并经上述人员签署或授权盖章），③设计文件目录，④设计说明书，⑤设计图纸。"

第五，对效果图和建筑模型要细心研判，因为效果图与建筑模型毕竟是经过缩小和美化处理的，会与建筑实物之间存在一定的差距，不可因效果图或模型的华丽美观转移了视线和注意力，而放松了对方案精心细致的评审和查勘。

第六，对中标的设计方案要认真审核，并以《新馆建设任务书》为准绳详加对照，发现不一致或不妥之处立即加以标注，并提请设计单位进行修改，直到完全符合要求为止。

第七，依照国家有关规定进行无障碍设计，这个问题需要特别注意。因为，图书馆无障碍设计、建设既是图书馆自身发展宗旨的内在必然要求，也是国家法律法规强制要求执行的。《中华人民共和国残疾人保障法》第46条"无障碍设施"规定："国家和社会逐步实行方便残疾人的城市道路和建筑物设计规范，采取无障碍措施。"《图书馆建筑设计规范》中规定图书馆："建筑设计应进行无障碍设计并应符合现行行业标准《方便残疾人使用的城市道路和建筑物设计规范》的有关规定。"

无障碍环境的营造不仅要为残疾人等社会弱势群体的生活、出行和工作提供方便，还要为他们走出家门参与社会活动提供方便。无障碍环境包括物质环境无障碍和非物质环境无障碍。物质环境无障碍主要是指城市道路、公共建筑物和居住区的规划、设计和建设应方便残疾人使用和通行，非物质环境无障碍主要是要求公共传播媒介应能满足听力、语言或视力缺失或残障人员能够无障碍获得信息、进行交流。

图书馆进行无障碍设计与建设，应主要依据《方便残疾人使用的城市道路和建筑物设计规范》的有关规定以及住房和城乡建设部批准的由北京市建筑设计研究院编制的《建筑无障碍设计规范》。

这两个文件中关于图书馆的无障碍设计与建设的一般规定是：残疾人可使用相应设施，主要阅览室、观众厅等应设残疾人席位。根据需要为残疾人参加演出或比赛设置相应的设施。并且对于建筑物的出入口、坡道、走道、门、楼梯和台阶、电梯、扶手、地面、厕所、轮椅席、停车车位、标志牌等具体环节的无障碍设计建设都给出了详细的规定，这些规定都是图书馆在进行无障碍设计时必须依据的。

无障碍出入口：供残疾人使用的出入口，应设在通行方便和安全的地段。室内设有电梯时，该出入口宜靠近候梯厅。出入口的地面应平整、防滑，若室内外地面有高度差，应采用坡道连接。出入口的内外，应留有不小于1.50m×1.50m的平坦的轮椅回转面积。出入口设有两道门时，门扇开启后应留有不小于1.20m的轮椅通行净距。

坡道：供残疾人使用的门厅、过厅及走道等地面有高差时应设坡道，轮椅坡道的净宽度不应小于1.00m，无障碍出入口的轮椅坡道净宽度不应小于1.20m。轮椅坡道的高度超过300mm且坡度大于1∶20时，应在两侧设置扶手，坡道与休息平台的扶手应保持连贯。轮椅坡道的坡面应平整、防滑、无反光。轮椅坡道起点、终点和中间休息平台的水平长度不应小于1.50m。每段坡道的坡度、允许最大高度和水平长度也要符合相关规定。

走道：室内走道不应小于1.20m，人流较多或较集中的大型公共建筑的室内走道宽度不宜小于1.80m；室外通道不宜小于1.80m；检票口、结算口轮椅通道不应小于900mm。固定在无障碍通道的墙、立柱上的物体或标牌距地面的高度不应小于2.00m；如小于2.00m时，探出部分的宽度不应大于100mm；如突出部分大于100mm，则其距地面的高度应小于600mm。走道尽端供轮椅通行的空间，因门开启的方式不同，走道净宽不应小于相应的尺寸。斜向的自动扶梯、楼梯等下部空间可以进入时，应设置安全挡牌。

门：在单扇平开门、推拉门、折叠门的门把手一侧的墙面，应设宽度不小于400mm的墙面。平开门、推拉门、折叠门的门扇应设距地900mm的把手，宜设视线观察玻璃，并宜在距地350mm范围内安装护门板。门槛高度及门内外地面高差不应大于15mm，并以斜面过渡。

楼梯和台阶：宜采用直线形楼梯。公共建筑楼梯的踏步宽度不应小于280mm，踏步高度不应大于160mm；不应采用无踢面和直角形突缘的踏步；宜在两侧均做扶手；如采用栏杆式楼梯，在栏杆下方宜设置安全阻挡措施；踏面应平整防滑或在踏面前缘设防滑条；距踏步起点和终点250~300mm宜设提示盲道；踏面和踢面的颜色宜有区分和对比；楼梯上行及下行的第一阶宜在颜色或材质上与平台有明显区别。公共建筑的室内外台阶踏步宽度不宜小于300mm，踏步高度不宜大于150mm，并不应小于100mm；踏步应防滑；三级及三级以上的台阶应在两侧设置扶手；台阶上行及下行的第一阶宜在颜色或材质上与其他阶有明显区别。

电梯：候梯厅深度不宜小于1.50m，公共建筑及设置病床梯的候梯厅深度不宜小于1.80m；呼叫按钮高度为0.90~1.10m；电梯门洞的净宽度不宜小于900mm；电梯出入口处宜设提示盲道；候梯厅应设电梯运行显示装置和抵达音响。轿厢门开启的净宽度不应小于800mm；在轿厢的侧壁上应设高0.90~1.10m带盲文的选层按钮，盲文宜设置于按钮旁；轿厢的三面壁上应设高850~900mm扶手；轿厢内应设电梯运行显示装置和报层音响；轿厢正面高900mm处至顶部应安装镜子或采用有镜面效果的材料；轿厢的规格应依据建筑性质和使用要求的不同而选用。最小规格为深度不应小于1.40m，宽度不应小于1.10m；中型规格为深度不应小于1.60m，宽度不应小于1.40m；医疗建筑与老人建筑宜选用病床专用电梯。

扶手：无障碍单层扶手的高度应为850~900mm，无障碍双层扶手的上层扶手高度应为850~900mm，下层扶手高度应为650~700mm。

地面：室内外通路及坡道的地面应平整，宜选用防滑及不易松动的表面材料。室外通路及入口处的雨水铁箅子的孔洞宽度不得大于15mm。供视力残疾者使用的出入口、踏步的起止点和电梯门前，宜铺设有触感提示的地面块材。

公共厕所：位置宜靠近公共厕所，应方便乘轮椅者进入和进行回转，回转直径不小于1.50m；面积不应小于4.00m²；当采用平开门，门扇宜向外开启，如向内开启，需在开启后留有直径不小于1.50m的轮椅回转空间，门的通行净宽度不应小于800mm，平开门应设高900mm的横扶把手，在门扇里侧应采用门外可紧急开启的门锁；地面应防滑、不积水；内部应设坐便器、洗手盆、多功能台、挂衣钩和呼叫按钮。

轮椅席：轮椅席位应设在便于到达疏散口及通道的附近，不得设在公共通道范围内。观众厅内通往轮椅席位的通道宽度不应小于1.20m。轮椅席位的地面应平整、防滑，在边缘处宜安装栏杆或栏板。每个轮椅席位的占地面积不应小于1.10m×0.80m。

停车车位：应将通行方便、行走距离路线最短的停车位设为无障碍机动车停车位。无障碍机动车停车位的地面应平整、防滑、不积水，地面坡度不应大于1∶50。无障碍机动车停车位一侧，应设宽度不小于1.20m的通道，以供乘轮椅者从轮椅通道直接进入人行道和到达无障碍出入口。无障碍机动车停车位的地面应涂有停车线、轮椅通道线和无障碍标志。

（二）施工设计

当新馆建设设计方案确定之后，还有一项工作要做——工程设计。施工图是施工单位施工的依据，工程设计就是完成施工图的过程。一般情况下，为准确体现设计方案的设计意图和要求，工程设计都是由最后中标的设计单位负责完成的，不过也有施工图的设计单位与设计方案的设计单位不一致的情况，如由施工单位出具施工图，这种情况下，更要注意施工图与设计方案的一致性。

建筑施工单位一般也是通过公开招标方式确定的，其程序与设计招标基本类似，所不同的是其中预算报价更加复杂。在确立建筑施工单位的过程中要注意下列问题：

第一，严格审核投标单位的资质，杜绝没有实力的单位参加投标，避免出现二次转包的情况，否则不仅无法确保建筑施工完全按照设计方案的要求进行，甚至连建筑质量都难有保障。

第二，明确提出对投标单位施工人员素质的具体要求，以杜绝将来有可能出现的野蛮作业、粗放作业现象，避免影响建筑质量。

第二，工程预算和投入价位必须合理，过高则成本必然增加，过低则施工质量难以保证。

第四，施工过程中，务必要定期或不定期地到施工现场进行检查，不能放过每一个关键环节，要随时比对设计图和施工图，发现问题立即解决，以免积重难返。

五、新馆建设工程监理

新馆建设工程监理是国家有关法规中明文规定必须进行的工作。认真开展新馆建设工程监理工作，能够切实提高新馆建设工程的质量及投资效益，有效控制新馆建设工程的工期，真正实现社会效益和经济效益的最大化。因此，新馆建设工程监理是保证图书馆建设质量、施工进度以及投资收益的必要手段。

（一）有关工程监理的制度与规定

《中华人民共和国建筑法》（以下简称《建筑法》）确立了工程监理在建设活动中的法律地位。《建筑法》的第四章"建筑工程监理"中共有六条，对建筑工程监理的范围，监理单位的条件，监理的依据，监理单位的职责、权利以及违规惩罚的内容分别做出了明确规定。

依据《建筑法》，国务院制定了《建设工程质量管理条例》。《建设工程质量管理条例》包括总则、建设单位的质量责任和义务、勘察设计单位的质量责任和义务、施工单位的质量责任和义务、工程监理单位的质量责任和义务、建设工程质量保修、监督管理、罚则、附则共9章82条。《建设工程质量管理条例》中规定：凡在我国境内从事建设工程的新建、扩建、改建等有关活动及实施对建设工程质量监督管理的，必须遵守本条例。建设单位、勘察单位、设计单位、施工单位、工程监理单位依法对建设工程质量负责。县级以上人民政府建设行政主管部门和其他有关部门应当加强对建设工程质量的监督管理。该条例对建设单位的质量责任和义务、勘察设计单位的质量责任和义务、施工单位的质量责任和义务、工程监理单位的质量责任和义务、建设工程质量保修、监督管理、惩罚等都做出了明确和详细的规定。

此外，国务院还依据《建筑法》和《中华人民共和国安全生产法》，制定了《建设工程安全生产管理条例》。《建设工程安全生产管理条例》包括总则、建设单位的安全责任、勘察设计工程监理及其他有关单位的安全责任、施工单位的安全责任、监督管理、生产安全事故的应急救援和调查处理、法律责任、附则共8章71条。

《建设工程质量管理条例》和《建设工程安全生产管理条例》进一步明确了工程监理在质量管理和安全生产管理方面的法律责任、权利和义务。

颁布实施的《建设工程监理范围和规模标准规定》，规定项目总投资额在3 000万元以上的科技、教育、文化等大中型公共事业工程必须实施监理，以保证工程的建设质量。目前，一般的图书馆新馆建设工程投资总额大都在3 000万元以上，按照规定必须实施监理。

（二）监理形式

按照监理的主体划分，监理通常可以分为政府监理和社会监理两种形式。

政府监理是各级政府建设管理部门、各工业部门与交通部门依法对建设活动所实施的强制性监督以及对社会监理行为所实行的监督。各级政府计划委员会对图书馆建设规划和项目的审批、建设委员会对施工图纸的审查以及招投标等工作的监督和管理以及土地规划局、测绘院、消防、人防、环卫等有关部门对于工程有关方面的监督和管理都属于政府监理。政府监理是保证图书馆建设工程质量、进度和投资控制的基础，也是图书馆建设工程监理的必要组成部分。

政府监理具有强制性，政府相关责任单位严格依据法律法规所规定的监理程序对所监理的项目行使监督、检查、许可、纠正、强制执行的权力。政府监理贯穿了从立项设计施工直到竣工验收投入使用等整个工程项目的全过程。政府监理是自上而下的行政行为，多采用行政手段进行阶段性检查，是离散间隔而不是连续地进行。政府监理是一种国家行政行为，收费标准相对较低。政府监理机构对社会监理单位的管理是政府建设监理的第二职能。

社会监理是建设单位比如图书馆委托具有从业资格的工程建设咨询、监理单位依据国家法律、法规、规范以及合同条款的具体规定，对图书馆建设工程进行的监督和管理。社会监理的工作内容主要包括：对工程进行可行性研究、协助招标评标、监督勘察设计、监督施工等等。

社会监理既可以对整个工程建设全过程进行监理，也可以对建设工程的某几个阶段进行监理。社会监理的工作随着工程进展而变化，采取不间断的监控方式，对工程质量进行全程跟踪，对每道工序实施监控。社会监理是有偿的技术服务活动，酬金多少根据建设规模和总工程造价以及相关的国家统一收费标准而定。社会监理要接受政府监理机构的监督管理。

（三）监理方式

按照监理的范围划分，有全程监理和阶段监理。全程监理指的是对包括工程前期的规划咨询、工程实施阶段的招标投标评标、勘察设计、施工监督验收以及工程后期的运转保修在内的每个阶段的监督与管理，涉及图书馆建设工程的全部过程。阶段监理指的是对建设工程的某一阶段比如设计、施工、验收、保修等进行的监理。

按照监理的目标划分，监理有多目标监理和单目标监理。多目标监理指的是对建设工程的质量、工期、投资等多个目标实施的监理。单目标监理指的是对建设工程的质量、工程、投资等某项单一目标实施的监理。

国家建立建设工程监理制度的最初构想是对工程建设实施全过程、全方位的监理，即：从项目决策阶段的可行性研究开始，到设计阶段、招投标阶段、施工阶段和工程保修阶段都实行监理。在施工阶段对工程质量、进度、费用都要进行控制。但由于受监理的产生和发展基础所限，首先是以施工阶段质量、进度、费用等内容监督为主，人员的配备、工作内容等方面都较强地体现了施工阶段的监理。在《建筑法》制定的时候，将工程监理定位在施工阶段，这也符合我国工程建设的实际，使之有法可依。但这并不表明，除施工阶段以外，其他阶段不必实施监督、管理或咨询，因此为了比较准确地界定，可以考虑把工程监理单位在工程建设阶段内的招投标、勘察、设计、设备采购建造、保修等服务，称为咨询服务或项目管理，这样既与法律法规相衔接，也便于社会各方能够认可和接受。

（四）监理工作的注意事项

图书馆建设工程最好采取全程多目标监理，这样可以取得投资、进度和质量三者最优的建设效果，为图节省监理费用而采取阶段监理或单目标监理，结果可能会得不偿失。为保证图书馆建设以最经济的投资赢得最快的建设进度和最好的建设质量这一目标的实现，实施全程监理将各种可能出现的问题消灭在萌芽状态中是上上之举。

一般人们比较重视施工监理、进度监理、投资监理，对于其他方面的监理相对重视不够，这有失偏颇。根据统计研究，在造成工程施工质量或者影响进度的因素中，设计责任是第一位的责任，最不容忽视。设计方案、施工图的质量对于投资、进度会产生很大的影响，对设计阶段实施有效监理，是保证后续各项建设工作顺利开展的重要前提。再者，如果只重视进度监理和投资监理，而忽视质量监理，一旦施工质量出现重大问题，进度和投资都将受到很大的影响和损失。因此，图书馆建设应该采取全程多目标监理。

在监理过程中一定要注意实施点面结合的监理工作方法，既要避免那种只重视宏观、整体等方面的监理而忽视具体环节、局部问题等点的监理，又要避免那种只重视具体问题的监理而忽视宏观、整体方面的监理。面的监理要注意宏观、整体布局、整体设计是否合理，施工管理是否科学，要注意分析总体数据，注意总的进度和投资的监督管理。点的监理要具体分析、查验不同阶段若干具体环节和问题。尤其在施工阶段，要特别注意施工质量的监督管理。在消防系统以及综合布线的施工过程中，一个点的接触不良就会影响整个系统的正常运行，因此要特别注意监督施工的质量。

（五）图书馆和社会监理单位的关系

《建筑法》第 32 条规定："建筑工程监理应当依照法律、行政法规及有关的技术标准、设计文件和建筑工程承包合同，对承包单位在施工质量、建设工期和建设资金使用等方面，代表建设单位实施监督。"社会监理单位是受业主单位图书馆的委托，代表图书馆，对承包单位在设计、勘察、施工、验收、使用、维修等各个阶段实施监督。社会监理单位要维护图书馆的合法权益，为图书馆服务好，帮助图书馆管理好工程项目。同时，监理企业是独立的法人，监理工程师在执业时要遵循国家有关法律、法规，遵守合同约定，具备公平、公正、客观的职业操守。

图书馆作为业主单位，并不因为有了政府监理和社会监理就可以高枕无忧了。对于社会监理单位的督促和监督，是图书馆应该认真对待的。如果对社会监理单位没有严格的监督与管理，就不能保证工程的监理效果。新馆建设领导小组的监理组要依据有关工作准则对社会监理单位进行系统的、全程的监督管理。新馆建设领导小组下设的各个分组根据分工要经常亲临施工现场，单独或者与监理单位一起进行现场检查，这样既可促进施工单位、监理单位的工作积极性，也可以及时发现问题并督促解决。

六、新馆建设的设备采购

一座现代化的图书馆需要装备大量种类繁多的现代化设备，才能保证图书馆的正常运营。设备的造价在整个图书馆建设投入中所占比例相当高，在经费紧张的今天，本着少花钱多办事的原则，如何以较少的投入采购满足图书馆业务、管理和办公所需要的优质的设备，是一个需要认真研究和对待的课题。

图书馆涉及的设备包括如下几类：给水排水设备、采暖制冷设备、通风照明设备、消防监控设备、运载设备、广播设备、电话设备、门禁设备、网络设备、计算机设备、藏书设备、家具等等。上述设备中，有些是随着施工阶段的进展逐步完成采购、安装的，有些是在装饰装修阶段完成采购和安装的，还有些是在装饰装修之后完成采购和安装的。

（一）设备采购方式的选择

政府采购制度是公共财政的重要组成部分，是加强财政支出管理的一项有效措施。《中华人民共和国政府采购法》（以下简称《政府采购法》）第2条中规定："本法所称政府采购，是指各级国家机关、事业单位和团体组织，使用财政性资金采购依法制定的集中采购目录以内的或者采购限额标准以上的货物、工程和服务的行为。"《政府采购法》出台后，各地政府随后相继颁布了当地政府采购条例，明确规定了价格在一定额度上的工程建设项目、物资设备和服务项目都必须实施政府采购。

据此，图书馆新馆建设所需设备基本上都需要以政府采购的方式进行采购。《政府采购法》第26条还明确规定了政府采购的具体方式：公开招标、邀请招标、竞争性谈判、单一来源采购、询价、国务院政府采购监督管理部门认定的其他采购方式。

公开招标也称竞争性采购，即招标人在报刊、电视台、电台、网络等媒体上公开刊登招标广告，吸引众多供应商或承包商参加投标竞争，然后由招标人从中筛选出中标者的招标方式。《政府采购法》规定，公开招标应作为政府采购的主要采购方式。采购人不得将应当以公开招标方式采购的货物或者服务化整为零或者以其他任何方式规避公开招标采购。

邀请招标是由招标单位选择一定数量的供应商或承包商，向其发出投标邀请书，邀请其参加招标竞争。《政府采购法》第29条规定，符合下列情形之一的货物或者服务，可以依照《政府采购法》采用邀请招标方式采购：具有特殊性，只能从有限范围的供应商处采购的；采用公开招标方式的费用占政府采购项目总价值的比例过大的。

竞争性谈判是指采购人或代理机构通过与多家供应商或承包商（不少于3家）进行谈判，最后从中确定中标供应商或承包商。《政府采购法》第30条规定，符合下列情形之一的货物或者服务，可以依照《政府采购法》采用竞争性谈判方式采购：招标后没有供应商投标或者没有合格标的或者重新招标未能成立的；技术复杂或者性质特殊，不能确定详细规格或者具体要求的；采用招标所需时间不能满足用户紧急需要的；不能事先计算出价格总额的。

单一来源采购也称直接采购，是指达到了限额标准和公开招标数额标准，但所购商品的来源渠道单一，或属专利、首次制造、合同追加、原有采购项目的后续扩充和发生了不可预见的紧急情况不能从其他供应商处采购等情况时只能从某一家供应商采购。《政府采购法》第31条规定，符合下列情形之一的货物或者服务，可以依照《政府采购法》采用单一来源方式采购：只能从唯一供应商处采购的；发生了不可预见的紧急情况不能从其他供应商处采购的；必须保证原有采购项目一致性或者服务配套的要求，需要继续从原供应商处添购，且添购资金总额不超过原合同采购金额百分之十的。

询价采购方式又称为选购，就是采购人向不少于3家的有关供应商发出询价通知书让其报价，然后在报价的基础上进行比较并确定出最优供应商的一种采购方式。《政府采购法》第32条规定，采购的货物规格、标准统一、现货货源充足且价格变化幅度小的政府采购项目，可以依照《政府采购法》采用询价方式采购。

(二) 设备采购的原则与注意事项

设备的采购贯穿于图书馆建设的整个过程，要想达到少花钱多办事的目的，需要注意这样几个方面的问题：

第一，组织有关部门和同志认真学习《政府采购法》和地方政府制定的政府采购条例，深刻领会政府采购当事人、政府采购方式、政府采购程序、政府采购合同、质疑与投诉、监督检查与法律责任等有关问题。特别注意几种不同的政府采购方式的适用情况以及实施时的程序要求。

第二，明确本馆及各部门设备家具的需求。图书馆的设备有的是全馆共用的基础性设施，有的是若干部门共同使用的，还有的是某个部门单独使用的，因此，在新馆建设任务书的基础上，应进一步与设备的使用部门进行沟通，详细了解对于设备各项指标以及设备到馆时间期限的具体要求。在采购前务必做好对设备性能、价格、质量和数量等的统计、整理和归纳工作，这是设备采购任务中的第一步工作。

第三，进行系统的调查研究。明确了具体要求之后，就要进行设备调查研究。调查研究的资料包括新馆建设任务书、新馆设计方案、各楼层平面图、《图书馆建筑设计规范》、国家颁布的有关设备的国家标准、行业标准、图书馆部门设置方案、有关厂商和产品的介绍等。此外，还要与有关厂商积极联系，并向其索要更为详细的设备资料。通过调查研究，要确定出设备采购的大致范围，同时也对有关设备的价格范围、性能指标、发展趋势、市场情况有更深入详细的了解和掌握。

第四，把握采购契机。设备价格有时会随时间而上下浮动，尤其是计算机设备的价格受时间影响更为明显，同样配置的计算机设备的价格在一个月内都可能下调很多。从某种意义上讲，时间差就是价格差。当然，也有一些设备可能会随着时间的推移而涨价，但现在多数产品都是买方市场，这种情况出现的概率比较小。因此，要合理把握设备采购的最佳时机，在不耽误工期和使用的情况下，设备采购的时间越晚越有利。另外，逢年过节，许多厂商都会采取一些优惠措施以刺激市场销售，这也是把握采购时机的一个参考因素。

第五，确定采购方式。在政府采购的几种方式中，现在大力提倡和推广的是公开招标的采购方式，通过政府招标采购可以有效地降低采购成本，图书馆应该善加利用。在公开招标采购中，图书馆可以自己作为招标组织人，也可以委托专业的招标机构作为招标组织人。实际操作时，多数情况都是委托专业招标机构作为招标组织人。图书馆自己作为招标组织人实施招标时，容易出现问题和疏漏。

不管图书馆是否为招标组织人，都要为招标工作的顺利完成积极开展好组织工作，以确保招标采购的效果。一般情况下，硬件设备、办公家具多采用公开招标的采购方式，软件、数据库等还可采用选择性招标采购、单一来源招标采购等方式。

第六，善于讲价。一般情况下，多数设备提供商报出价格时都会给自己留出足够的让利空间。图书馆应充分利用供货商的让利空间讲价，以便获得较好的采购价格。讲价时要讲究策略，分层次进行，首次讲价在调研阶段实施，第二次由新馆建设领导小组设备分组的组长负责实施，第三次则留在招标或成交时完成。一般来说，每次讲价都会有所收获，最终拿到比较满意的成交价格。

第七，避免陷入一味追求低价位的陷阱。设备的质量、售后服务是与价格成正比的，如果价格之低超出了设备提供商的承受力，即便成交了，也必然是以牺牲质量或服务为代价的。因此，在设备采购中，既要追求合理的低价位，又要避免陷入单纯追求低价的陷阱。

七、设计单位、施工单位、监理单位、设备供应商的管理

设计单位、施工单位、监理单位和设备供应商等是图书馆建设的主要参与单位，对于这些参与单位的选择和管理，从某种程度上讲，关系到图书馆建设的成败。

(一) 新馆建设参与单位的选择

依据《中华人民共和国招标投标法》、原国家计委发布的《工程建设项目招标范围和规模标准规定》《政府采购法》《建筑法》有关法律法规的规定，图书馆新馆建设参与单位的选择必须采取招标方式确定。而原国家计委、建设部、铁道部、交通部、信息产业部、水利部、中国民用航空总局审议通过的《工程建设项目施工招标投标办法》对招标投标办法做了明确细致的规定。

按照《工程建设项目施工招标投标办法》第20条规定，投标单位应符合下列条件：①具有独立订立合同的权利；②具有履行合同的能力，包括专业、技术资格和能力，资金、设备和其他物质设施状况，管理能力、经验、信誉和相应的从业人员；③没有处于被责令停业，投标资格被取消，财产被接管、冻结、破产状态；④在最近三年内没有骗取中标和严重违约及重大工程质量问题；⑤法律、行政法规规定的其他资格条件。应严格按照上述条件审查投标单位的资质，并且还要防止投标人之间串通投标报价。

在招标之前或者招标过程中要对投标单位进行必要而细致的调查，通过兄弟图书馆了解这些企业的人员、资质、服务、信誉、客户评价等有关情况，并整理成文字资料，以便与其投标资料比照。

通过招标方式严格选拔具有一定专业背景、资质优良、业务经验丰富的设计、施工、监理和设备供应等单位，是对图书馆建设主要参与单位进行有效管理的首要环节。

(二) 合同的签订

图书馆新馆建设工程所涉及的参与单位众多，建设过程中会发生大量采购和商务活动，这些活动涉及巨额资金的流转，如何在这些活动中有效地保证图书馆及各参与单位合法的权益，合法而且规范的合同是重要的保障和依据。合同的签订需要注意下面几个问题：

第一，图书馆建设工程涉及的合同种类包括委托监理合同、勘察合同、设计合同、施工合同、设备采购合同、软件采购合同、服务合同、委托招标合同、咨询合同、聘用合同等等。要尽量以国家市场监督管理总局以及建设部等相关政府部门颁布的合同示范文本为模板起草合同。这些相关政府部门颁布有建设工程招标代理合同示范文本、建设工程勘察合同示范文本、建设工程设计合同示范文本、建设工程施工合同示范文本、建设工程委托监理合同示范文本等，涵盖了工程建设的各个环节和方面，都是政府部门依据有关法律法规，并充分考虑合同双方的责任、权利和义务而编制的，内容全面，条款详尽，可操作性强。

第二，按照国家市场监督管理总局以及建设部等相关部门颁布的合同范本签订合同，除了明确双方权利义务、违约责任外，还要就双方的其他未尽事宜在合同中规定清楚。

第三，全部合同最好由图书馆或委托单位来起草，更有利于把握自身的利益重心。

第四，合同在签订之前一定要反复审阅，做到字斟句酌，必要时可以向监理单位等咨询机构进行咨询，还可请具有建筑行业背景的律师审查把关。合同的签订、合同的生效、合同的履行、合同的变更和解除、合同的争议处理等各个环节上都要尽力消除漏洞和陷阱，以避免出现自身权益受到侵害的不良局面。

第五，合同最好请公证机关公证备案。

（三）管理办法的制定

对图书馆建设主要参与单位的管理是一个系统、长期的过程管理。要制定出一套行之有效的管理办法，对管理的内容、管理的方式、汇报的周期、现场检查的频次做出明确的规定，以便行之有据。

国家有关部门颁布的法律、法规、标准是制定管理办法的重要依据。要认真研读上述文件，吃透其精神实质，并将其体现于具体的管理办法当中。法律、法规、标准是对社会实践的反映，它们不可能穷尽所有的情况，同时还有一定的滞后性。因此，制定管理办法时应特别注意法律、法规和标准未能穷尽的具体事项。

制定管理办法时，可以先请图书馆建设各参与单位就该单位所负责的项目和工作提出一个管理办法的初稿，详细写明管理事项、管理方式、惩罚规定等内容。图书馆可以依据此初稿，结合法律、法规和标准的相关规定进行修改、完善，最终形成切实可行的管理办法。

充分利用图书馆建设主要参与单位之间的相互监督关系，做好对他们的管理工作。设计方案或施工方案如果存在较大的漏洞或不妥，经验丰富的施工单位一般都是能够发现的，施工单位施工质量如果存在问题，装修装饰单位一般也可以发现。某些设备的性能和质量如果存在问题或缺陷，一般也能够被施工单位发现。因此，制定管理办法不仅要依靠工程或项目某一阶段、某一方面的直接参与单位的力量和智慧，还要善于利用和依靠该工程或项目下个环节之接手单位的力量和智慧。例如，施工过程存在的问题可能会在装饰装修阶段暴露出来，有经验的装饰装修单位一定了解施工过程中哪些环节容易出现哪些问题，因此，这一阶段不妨请装饰装修单位提出意见。

在图书馆新馆建设过程中要注意对管理办法进行随时的修缮与补充，以便随着工程的进展不断发现问题、解决问题，达到良好的管理效果。

管理办法的制定应避免虎头蛇尾的现象出现，前期工程的管理办法制定严密，而后期工程的管理办法却疏于制定甚至流于形式。过程管理是一个重要的原则，工程建设完全不同于写文章，文章写不好可以重写，但工程建不好，推倒重来的可能性微乎其微。良好的结果依赖于良好的过程管理与控制，管理办法的制定和实施一定要深刻体现严格过程管理的思想。

(四) 财务管理

图书馆新馆建设耗资巨大，投资动辄数千万元甚至数亿元，财务管理的意义巨大。虽然，图书馆新馆建设的财务管理由市财政部门负责并由其他相关部门以及监理单位对工程概算、预决算等进行监督；但是，图书馆作为业主单位了解必要的工程财务管理知识，必定有助于财务管理。

财政部印发的《基本建设财务规则》，对基本建设财务管理做了详细的规定，对于图书馆加强新馆建设财务管理，有效节约建设资金，控制建设成本，提高投资效益非常有益。

按照《基本建设财务规则》的规定，工程的建设成本包括建筑安装工程投资支出、设备投资支出、待摊投资支出和其他投资支出。

建筑安装工程投资支出是指建设单位按项目概算内容所发生的建筑工程和安装工程的实际成本,其中不包括被安装设备本身的价值以及按照合同规定支付给施工企业的预付备料款和预付工程款。

设备投资支出是指建设单位按照项目概算内容所发生的各种设备的实际成本,包括需要安装设备、不需要安装设备和为生产准备的不够固定资产标准的工具、器具的实际成本。

待摊投资支出是指建设单位按项目概算内容所发生的、按照规定应当分摊计入交付使用资产价值的各项费用支出,包括:建设单位管理费、土地征用及迁移补偿费、土地复垦及补偿费、勘察设计费、研究试验费、可行性研究费、临时设施费、设备检建费、负荷联合试车费、合同公证及工程质量监理费、(贷款)项目评估费、国外借款手续费及承诺费、社会中介机构审计(查)费、招投标费、经济合同仲裁费、诉讼费、律师代理费、土地使用税、耕地占用税、车船使用税、汇兑损益、报废工程损失、坏账损失、借款利息、固定资产损失、器材处理亏损、设备盘亏及毁损、调整器材调拨价格折价、企业债券发行费用、航道维护费、航标设施费、航测费、其他待摊投资等。

其他投资支出是指建设单位按项目概算内容所发生的构成基本建设实际支出的房屋购置和基本畜禽、林木等购置、饲养、培育支出以及取得各种无形资产和递延资产的支出。

而建设单位管理费是指建设单位从项目开工之日起至办理竣工财务决算之日止发生的管理性质的开支,包括:不在原单位发工资的工作人员工资、基本养老保险费、基本医疗保险费、失业保险费、办公费,差旅交通费、劳动保护费,工具用具使用费、固定资产使用费、零星购置费、招募生产工人费、技术图书资料费、印花税、业务招待费、施工现场津贴、竣工验收费和其他管理性质的开支。其中,业务招待费支出不得超过建设单位管理费总额的10%。

财务管理是对图书馆建设主要参与单位的有效管理手段之一。一般在合同里都明确规定了质量、工期、价格以及付款方式,多数情况下都是随着工程的进展分阶段付款。如果各个阶段的工程或工作都是按照合同规定的时间进度和质量完成的，就应及时支付款项。反之，就要找出原因，解决问题，并根据双方协商的情况以及问题的解决情况支付款项，作为惩罚手段，可以推迟付款时间或者先只支付部分款项。因为财务惩罚手段可能会影响工程的进度，所以每个阶段的检查、验收一定要细致，确实有重大问题或隐患才可采取财务惩罚手段。有一点应注意，就是在设计、施工、监理等每一个阶段完工后，最好预留一定比例的款项，等到工程全部完工若干个月以后再行支付，以防将来出现问题后难以得到及时有效的解决。

对图书馆新馆建设参与单位的管理活动要详细保存在管理档案之中。管理档案属于新馆建设档案的有机组成部分，图书馆要按照国家有关的档案法规建立健全管理档案。要为每一个参与建设的单位建立管理档案。详细记录整个管理过程的每一次活动。每次管理活动要记录时间、地点、双方或多方参加人员、事情经过、处理意见、整改结果、双方代表签字，必要时还要拍照、录音或录像，以备日后验收需要。

八、新馆建设的审核验收

（一）有关工程验收的规定和办法

发布的《建筑结构可靠度设计统一标准》等 7 项建筑工程勘察设计规范和《建筑工程施工质量验收统一标准》等 14 项建筑工程施工质量验收规范是工程验收的系统规定。

由原国家计委颁布的《建设项目（工程）竣工验收办法》详细规定了建设工程的验收办法。由国家档案局颁发的《建设项目（工程）档案验收办法》详细规定了建设工程档案的验收办法。

（二）新馆建设的验收

根据原国家计委颁布的《建设项目（工程）竣工验收办法》规定，根据建设项目（工程）规模大小和复杂程度，整个建设项目（工程）的验收可分初步验收和竣工验收两个阶段进行。规模较大、较复杂的建设项目（工程），应先进行初验，然后进行全部建设项目（工程）的竣工验收。规模较小、较简单的项目（工程），可以一次进行全部项目（工程）的竣工验收。

图书馆一般都要进行初步验收和竣工验收两个阶段的验收。验收的依据是批准的设计任务书、初步设计或扩大初步设计、施工图和设备技术说明书以及现行的各项国家验收规范和主管部门（公司）的审批、修改、调整等相关文件。

图书馆进行验收必须满足下列条件：工程已经按照设计要求完成建设，能够满足使用；给水排水、通风照明、制冷采暖等设施按照设计要求建成；环境保护设施、劳动安全卫生设施、消防设施已按设计要求与主体工程同时建成使用。初步验收由图书馆组织施工、设计、监理等单位一同进行。

初步验收前由施工单位按照国家规定，整理好竣工图表、竣工决算、竣工总结等相关文件和技术资料，向图书馆提出自验合格报告。监理工程师审核施工单位自验合格报告以及相关的文件、技术资料后，即可组织工程竣工的初步验收，参加初步验收的成员由设计单位、图书馆、施工单位、监理单位等几方组成，初验合格后提交工程竣工初验报告。

随后进入竣工验收阶段，竣工验收由图书馆的主管部门文化厅（局）组织成立新馆验收委员会或新馆验收组，其成员由银行、物资、环保、劳动、统计、消防及其他有关部门组成。另外，施工单位、勘察设计单位要参加验收工作，新馆建设委员会和新馆建设领导小组中的有关人员代表图书馆也要参加验收工作。竣工验收的内容包括总体核验、评定工程质量等级、专项核验。全部核验无误后，办理和核定工程移交清册，各方代表签署竣工验收报告。

装饰装修工程以及设备的验收可以根据具体情况参照建筑工程的验收程序进行。

九、新馆建设档案

（一）建设档案的意义与作用

第一，建立新馆建设档案是国家法律、法规的强制性要求。根据《中华人民共和国档案法》和《建设项目档案管理规范》规定:"建设单位应根据工程规模和工程全过程中产生的文件材料规定详细的归档范围和内容,以确保归档文件材料的完整性。"图书馆有责任和义务建立和管理新馆建设档案。

第二,新馆建设档案是图书馆整体档案的重要组成部分。图书馆建设历史是图书馆历史的重要组成部分,而新馆建设档案全面真实地保存并再现了图书馆新馆建设的全部历程,既有成功的经验留存又有失败的教训总结,既有参与新馆建设各个方面机构及人员的资料,又有新馆建设过程中所发生事件的资料等。

第三,图书馆建设档案对于图书馆建筑用后评估、图书馆建筑的调整、改进、修缮、将来的改造都具有很大的帮助。图书馆建筑的用后评估越来越受到人们的重视,用后评估的一个目的就是看建筑是否实现了当初的设计目标并分析出现问题的原因,图书馆建设档案对于用后评估的作用不言而喻。图书馆新馆建设完成后,随着时间的推移,不可避免地要对其空间、结构等做出一定的调整、改进、修缮以及改造,馆建档案中的勘察、设计、施工等资料是保证上述工作成功的重要资料。

第四,图书馆建设档案对于其他图书馆建设具有很好的参考借鉴作用。随着我国经济社会的不断发展,图书馆新馆建设也会持续发展。图书馆建设档案对其他图书馆的新馆建设工作也具有很大的参考作用,有助于其丰富思路、少走弯路、提高效率、降低成本。

(二)建设档案的范围与要求

《建设项目档案管理规范》规定:"基本建设项目档案资料是指在整个建设项目从酝酿、决策到建成投产(使用)的全过程中形成的、应当归档保存的文件,包括基本建设项目的提出、调研、可行性研究、评估、决策、计划、勘测、设计、施工、调试、生产准备、竣工、试生产(使用)等工作活动中形成的文字材料、图纸、图表、计算材料、声像材料等形式与载体的文字材料。"

《建设项目(工程)档案验收办法》规定:"建设项目(工程)档案是指从建设项目(工程)的提出、立项、审批、勘察设计、施工、生产准备到竣工投产(使用)的全过程中形成的应归档保存的文件资料。"

因此，馆建档案不仅包括图书馆建筑工程档案，还包括新馆开馆业务准备、新馆庆典等资料。馆建档案是全面收录与图书馆建设相关的一切形式的文献资料，包括纸质资料、照片、录像、电子文件、手稿等，时间范围上包括从新馆建设规划一直到用后评估各个阶段的有关资料，是图书馆档案的有机组成部分。

《建设项目（工程）档案验收办法》规定，归档的文件、档案必须达到完整、准确、系统，保障生产（使用）、管理、维护、改扩建的需要。

档案的完整指按国家档案局和原国家计委的文件所确定的内容，将项目（工程）建设全过程中应该归档的文件、资料归档，各种文件原件齐全。

档案的准确指档案的内容真实反映项目（工程）竣工时的实际情况和建设过程，做到图物相符，技术数据准确可靠，签字手续完备。档案的系统指按其形成规律，保持各部分之间的有机联系，分类科学，组卷合理。

（三）档案的管理

首先，要指定专人负责图书馆建设档案的建立与管理。档案建设应贯穿图书馆建设的始终，从图书馆建设规划起就要安排专人进行档案的建设和管理，务求全面、系统、不遗漏。

其次，需要根据国家有关法规和本馆建设的实际情况制定档案管理工作细则，并确立建档分类标准。可以按照如下分类管理：新馆建设组织机构文件、可行性研究与任务书、设计基础材料、设计文件、工程管理文件、施工文件、竣工文件、工艺设备、涉外文件、财务器材管理、新馆庆典资料以及其他资料等。

第三，新馆建设过程中会产生大量的资料，一定要注意随时整理归档，不要等到最后再处理，既容易造成资料的丢失，也不便建设过程中的查阅。关于新馆建设的规划、立项报告、可行性研究报告、工作计划、会议资料、各种合同、调研资料、财务资料、宣传活动、验收资料、用后评估资料等都要注意收集和组织，照相和录音、录像更是需要及时摄录和收集，文字资料若当时没有收集，以后还可以补充或追记，而音像资料如果当时没有摄录，以后则无法弥补。

第四，在收集整理资料的同时，将其随时扫描存储并按照一定的规则建立图书馆建设档案资料数据库，一则作为档案的电子备份，二则便于建设过程中的查询和调阅。

第五，归档时必须有竣工图。竣工图应逐张加盖竣工图章，竣工图章内容包括：×××工程竣工图、施工单位名称、编制人、审核人、技术负责人和编制日期。图章规格尺寸为 80mm×50mm。

第六，档案行政管理部门要派人员参加初步验收和竣工验收。档案验收应与工程验收的初步验收和竣工验收两个阶段同步进行，重点应放在初步验收阶段。初步验收时，在验收主管单位组织下，档案部门着重抽查项目档案的归档情况。工程规模大、档案案卷数量超过 1 000 卷的，抽查 15% 的项目档案；工程规模小、档案案卷数量在 1 000 卷以下的，抽查 30% 的项目档案，评价档案资料的完整、准确、系统性情况以后，写出初验意见，对存在的问题提出改进要求，限期解决。竣工验收时，项目规模较大、较复杂的，应有档案的专题验收报告。工程规模较小的，则应在验收报告中写明档案的情况。在竣工验收鉴定书中要有关于档案情况的评价。

十、新馆建设的用后评估

任何建筑都是有缺憾的艺术，图书馆的用后评估可以很好地总结图书馆建设的得失成败，更为客观地核算图书馆建设的投资效益，并且对其他单位的图书馆建设具有很好的借鉴作用。

中国图书馆学会图书馆建筑与设备委员会在 20 世纪 90 年代初制订的《高校图书馆建筑评估提纲》中提出了对高校图书馆进行评估的十个方面的内容，可以作为图书馆用后评估时的参考，这十个方面是：

第一，建设任务和设计依据；

第二，图书馆的职能要求；

第三，图书馆的选址；

第四，建筑空间的适用性、灵活性、经济性；

第五，便于新技术手段的采用；

第六，宜人环境的创造；

第七，安全防护设施；

第八，建设过程中上级部门、基建处、图书馆、设计院、施工部门的配合、协调；

第九，投资与节能；

第十，竣工后2~3年间运行实效。

图书馆用后评估可在图书馆已建成并使用若干年后由图书馆自行组织实施，邀请有关专家和读者代表组成评估委员会进行评估，也可邀请有关学会比如中国图书馆学会图书馆建筑与设备委员会进行评估。评估依据的资料包括图书馆新馆建设任务书、图书馆设计方案、《图书馆建筑规范》、城市环境资料、投资决算资料、能耗资料、日常运营费用、使用情况资料、读者反馈资料等等。

评估委员会通过查阅资料、召开读者座谈会、实地察看、集体讨论评估，最后得出评估结论。评估结论中既要指出图书馆建设中成功的地方，也要指出不足和需要改进的地方。

第二节 图书馆新馆建设的布局

一、新馆总体布局

新馆总体布局指的是图书馆新馆的层数、建筑朝向、采光通风、室内高度、功能区的平面布置和分层布置，图书馆总体布局的确立就是要确定上述有关方面的布局和安排。

(一) 建筑层数

关于图书馆的层数，现在比较一致的看法是层数不宜太多，一般以4~6层为宜，除非在图书馆占地面积过于狭小的情况下，才不得不考虑采用高层建筑。图书馆层数太多，建筑物超出一定高度，无论是对于图书馆内部业务还是读者使用都会产生一定的影响，因为建筑物太高，垂直运输的压力就必然增大，从而很可能成为制约图书馆利用效率的瓶颈之一。

（二）采光通风

采光通风问题也是总体布局中一个很重要的问题，图书馆的建筑物朝向与图书馆的采光、内部环境以及图书的保护有很大关系。图书馆建筑最理想的朝向当然是南北朝向，但是当建筑基地是东西朝向而图书馆的主立面又面临城市的主要干道时，内部的朝向就会与城市规划的街景产生矛盾。因为按照朝向和使用要求，图书馆南北向布置最好，而图书馆的山墙面就要对着主要干道，造成了"肩膀朝街"的形状，这会遭到质疑或反对。按照这种意见，为了街景"好看"，即使在这样的地基上也要将图书馆建筑的主要平面平行于干道，不惜使大部分阅览室或书库成为东西向布置，这显然是不合理的。这种情况下，要以图书馆的使用要求为主，兼顾街景需要，通过精心设计、合理布置使二者得到较好的统一。

图书馆建筑如果能有效地利用自然光源和自然风进行采光和通风，在图书馆建成后的运营中可以有效节约能源，降低运营成本。模数式图书馆具有高效、灵活和空间利用率高的特点，但是由于采用的是全人工采光和全人工通风，能耗比较高，因此，吸收模数式图书馆的布局优点，克服其缺点是我们在总体布局时需要考虑的问题。

（三）层高与室内高度

无论是模数式图书馆还是模块式图书馆，都在追求一个适用范围尽可能大的垂直高度，从而达到高效、灵活和空间利用率高的目的。阅览和藏书的面积占图书馆总面积的70%左右，因此，全局统一或者局部统一层高主要是为了满足阅览和藏书的需求。图书馆阅览和藏书的空间室内高度取决于其设置书架的层数和高度。有学者经研究比较，认为设置单层书架的书库采用3.60米的最低室内高度最为经济，而采用4.00米以上的室内高度，就会在单层书架上有较高的空间，造成浪费。对于设置两层书架的书库的室内高度最好选择在5.00~5.20米之间，但这样的尺度对于阅览室来说就显得偏高，还可能形成固定格局，降低灵活性。为避免这种情况的出现，可以考虑采用2层阅览室与3层书库同高的布置。此外，还要注意室内高度偏低会给人带来压抑感。

（四）功能区的平面布置与分层布置

功能区的平面布置与分层布置直接影响图书馆的运营效率。图书馆的整个布局可以划分成读者活动区、读者休闲区、培训展览区、馆员工作区、文献储藏区、基础设备区、疏散撤离区和停车区。平面布置和分层布置就是要确定这些功能区的位置、大小及其布局。

文献储藏区、基础设备区、读者活动区三个功能区对于图书馆总体布局有很大的影响和制约。密集书库位于文献储藏区，采暖、通风、垂直运载工具等笨重的设备位于基础设备区，读者活动区内需要容纳大量的开架借阅图书，产生的荷载也是很大的。总体布局首先要把读者活动区的位置和大小安排妥当，然后再安排其他功能区的位置、大小。

密集书库一般安排在地下室，采暖机房、通风机房、垂直运载工具机房可以安排在楼顶，除垂直运载工具机房外，采暖机房和通风机房也可以安排在地下室，但与密集书库的安排在空间上有可能产生冲突。上述方式是比较可取的安排方式。在设计基础设备区的布局时要考虑机房和设备噪声的影响。

将密集书库、采暖、通风、垂直运载工具机房安排好之后就可以安排各楼层的平面布局了，这里给出一个一层通用方案供参考。

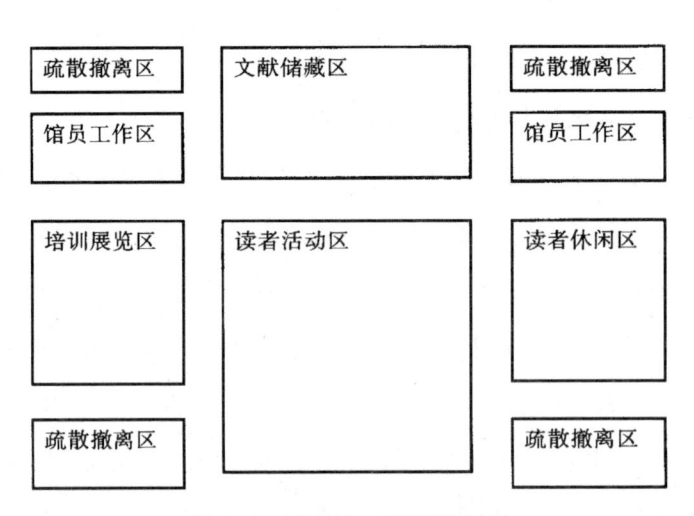

图 2-1　图书馆一层通用方案

说明：读者活动区指的是读者为利用图书馆资源进行查询、借阅活动的区域，包括各种开架借阅室、电子阅览室、读者研究区域等。

文献储藏区指的是图书馆存储各种馆藏文献的区域，包括密集书库、各种开架借阅式存储文献的区域。

馆员工作区指的是图书馆员集中工作的区域，比如行政办公、采访、编目等工作区域。

培训展览区指的是图书馆内读者培训、会议等所用的报告厅、会议室。读者休闲区包括读者休息区域、咖啡厅、洗手间等。

疏散撤离区包括入口区、载人电梯、载货电梯、步行楼梯等区域。

整个楼层都是大开间，除了承重柱外，各区域之间并没有实际的墙体间隔，这样可以根据需要灵活地布局。其他楼层可以参照上面的布局灵活处理，各楼层的荷载可以根据各楼层的使用情况有所不同。

二、新馆功能布局

根据图书馆的运营需要可以把图书馆划分为若干个功能区，功能布局就是具体确定这些功能区的位置、大小及其布置。新馆功能布局要把握方便读者、方便管理、提高运营效率、降低运营成本等原则。新馆功能布局对于图书馆效能的充分发挥有着重要的意义，良好的功能布局可以有效提高图书馆的运营效益。

（一）读者活动区

读者活动区指的是为读者利用图书馆资源而提供的供读者进行查询、借阅、复印活动的区域，包括开架借阅室、电子阅览室、视听阅览室等各种阅览室、读者研究区域、出纳空间，供读者使用的部分参考咨询空间，供读者使用的部分复印区域以及开架书库等。

借阅区域是读者活动的中心区域，读者在图书馆内的大部分活动是围绕借阅展开的。以往，图书馆对阅览室的划分是很细的，包括普通阅览室、参考阅览室、专业阅览室、检索室、善本阅览室、舆图阅览室、微缩阅览室、视听阅览室、特种文献阅览室、研究室等等。这种划分方式的出发点是以"藏"为本，按照文献的种类进行划分，并要求读者被动地适应这种划分模式。

如果我们把自己设想为读者，到了图书馆，我们一定希望在一个地方尽可能获得自己所需要的各种资料和服务，而不是楼上楼下地到处跑。因此，这种名目繁多的阅览室设置方式肯定难以受到读者的欢迎和认可。同时，现代图书馆建筑设计理念和实践也为改革这种以"藏"为本、按照文献种类设置阅览室的方式提供了理论基础和空间便利。不过，把所有的资源和服务都集中在一个人的阅览室当中毕竟是不现实的。因此，从一切为了方便读者利用图书馆这个出发点，按照集中与分散相结合的原则，将借阅区域按楼层划分为文科借阅区域、理工科借阅区域、休闲阅览区域（包括在休闲活动区域内）设置应该是可行之举。

如果我们把图书馆内的各种资料、设备和服务统称为元素的话，那么读者活动区域涉及的元素则包括：图书、期刊、报纸、地图、古籍、缩微胶片、视听资料、计算机、互联网、检索服务、参考咨询服务、借阅服务等。进行读者活动区域的布置时要把上述各种要素统筹考虑，将这些元素合理配置，使得一个活动区域能包含尽可能多的元素，为读者提供尽可能多的便利。

以读者为中心，在其周围安置好上述各种元素，特别是把古籍、缩微胶片、视听资料、计算机、互联网以及相关的服务元素有效地布置进来，这将会极大地方便读者。以往多数情况下这些元素都是独占一室，读者要查阅某一课题的资料，需要跑遍图书阅览室、报刊阅览室、缩微胶片阅览室、电子阅览室等多个地方，很不方便。如果打破以往的布局模式，将计算机、视听设备等元素与其他各类元素适当地安置在一起，使之与其他元素融为一体，一定可以产生意想不到的效果。

(二) 读者休闲区

读者休闲区指的是供读者休息、休闲、娱乐、方便的区域，包括休息区、咖啡厅、休闲阅览区、洗手间等区域。

图书馆是市民终身学习的地方，也是市民休闲娱乐、调适身心的地方。以往的图书馆内部设置基调以学习研究为主，忽视了休闲娱乐的功用，内部氛围太过严肃和紧张。给人的感觉是只有那些做学问、搞研究的人才会进图书馆，一般的人是没资格进的。休闲娱乐与学习研究并重是当代图书馆建设的一个重要理念。

读者休闲区涉及的元素包括：具有休闲娱乐性的图书、期刊、报纸、视听资料、计算机、互联网、休息区域、咖啡厅以及洗手间等各种服务设施和相关服务等。

进行读者休闲区的布置时，首先要像前面提到的那样把休闲娱乐提高到与学习研究同样重要的高度去考虑，甚至上升到战略高度去重视和认识，只有这样才能布置出读者满意的休闲区。

其次，把读者休闲区涉及的元素进行统筹考虑，以读者为中心，使读者在其中能够放松心情，调适身心。例如，在休息区域，安排一些比较舒适的沙发、座椅，读者看书学习累了，可以坐在这里放松放松。在咖啡区域，可以在四周准备一些消遣性的期刊、报纸，供读者喝咖啡时浏览。在休闲阅读区可以把馆里订购的通俗期刊、报纸、图书和视听资料布置在这里。另外，还应当考虑把计算机和互联网作为一个有机的元素引入读者休闲区。

第三，对于洗手间的设计布置，要把它作为读者休闲区中非常重要的元素来考虑。无论是家庭还是公共场所，洗手间的利用率都是非常高的，因此图书馆内的洗手间在施工、装修时一定要保证质量，全部设施一定要杜绝伪劣产品，确保洗手间的使用质量和使用周期。并且，务必要注意维护卫生间的清洁卫生、无异味。

（三）社区服务区

《公共图书馆服务发展指南》指出："公共图书馆还应当为当地社区提供服务，譬如说，开会议、搞展览以及在大型建筑物中进行戏剧表演、音乐会、声像和多媒体节目等。利用公共图书馆将会对城市的活力起着非常有意义的贡献。"图书馆都根据需要设有展览厅、会议室、多功能厅等社区服务区，以满足举办培训、展览、会议、舞会等需要。

展览厅、大型会议室和多功能厅一般位于较低的楼层，以便人员的分流并避免对其他读者造成干扰。采光上要注意自然采光和人工照明的协调应用，要特别注意避免由于光照度不足，给人阴暗压抑的感觉。通风、采暖和制冷不宜与整个图书馆一样采用中央空调，而适宜采用分体式空调方式，使用灵活方便，还可以节约能源，也便于维修。

展览厅应该配备国际标准的展架、展板、展框、展台以及计算机、投影设备，并配置适当数量和多种规格的电源插口、电话接口和网络接口，使之有较强的适应性，既可以举行书画展、摄影展、艺术展等多种文化展览，也能够举办高新技术产品的展览。根据情况，展览厅要设置有工作间、贵宾休息室、休息处、公共饮水处和引导处等。

大型会议室要配备音响、投影和计算机设备，同样也要配置适当数量和各种规格的电源插口、电话接口和网络接口。根据具体情况设置相应规格的舞台，并配以工作间、贵宾休息室、公共引水处等。大型会议室的座位宜在300个以上。

多功能厅一般是举行舞会、放映电影或者举办小型演出的地方，计算机设备、电源插口、电话接口和网络接口与展览厅、大型会议室同样配置外，灯光、音响和投影设备的配置要适当高档一些，使之能够适应一般舞会、电影和小型演出的需要。多功能厅要设置工作室、化妆室和公共饮水处。

此外，社区服务区还应根据需要设置若干个容纳10~100人的中、小型会议室，具体数量可以根据图书馆总面积和总体布局确定，以满足中、小型座谈会、研讨会、培训等需要。

（四）文献储藏区

文献储藏区指的是储藏各种文献的区域。基本书库、辅助书库、特藏书库、珍善本书库、磁带库、开架书库、密集书库等区域都属于文献储藏区。

根据书库的藏书规模，可以将书库划分为小型书库、中型书库、大型书库和特大型书库几种。书库的规模越大，综合储藏成本也就越大，合理规划书库的布置可以有效降低储藏成本，这是书库设计、布置时第一个需要考虑的原则。

一般的图书馆藏书少则十几万册，多则几十万册，这么多的图书应该能够保证读者或工作人员在较短的时间内找到，以降低为此付出的劳动量。因此，取用方便是书库设计、布置时需要考虑的又一个原则。

第三，书库还必须有利于文献防护和消防安全。

本着上述三个原则，在进行文献储藏区的设计和布置时应该注意下面几个问题：

藏阅合一是现在图书馆布局的一个发展趋势，缩小闭架书库空间，扩大开架书库空间的做法，已经被许多图书馆采用，实践证明效果不错。北京农业大学图书馆将阅览室与书库设计成一个大的空间，位于3层、4层，每层面积约2 500平方米，中间布置书架、新书、常用书和现刊以及近年期刊合订本，全部开架阅览，四周是阅览桌椅。藏阅合一使得文献储藏区距离读者最近，未能实现藏阅合一的文献储藏区也要秉承离读者最近的原则去布置。

书库的平面布局和书架的排列要有利于自然采光和通风，而且要缩短提书距离。书库的结构布局、书架的尺寸、书架的排列以及相互之间的空间距离既要符合《图书馆建筑设计规范》中的要求，还要符合模数原则，以求合理地利用空间，降低储藏成本。

进行书库的设计和布置时，我们都会提出一个预期的藏书量，比如一个中型书库我们设计的藏书量是20万册，布置也是按照20万册的标准进行的。可最后发现只能储藏15万册的图书，实际藏书量比理论藏书量缩水25%，这就给工作造成了很大的被动。书库的容量与书籍的平均厚度、每米书架搁板收藏图书的数量、每个书架收藏的图书数量有关。按照模数原则设计的书库，标准书架的尺寸是固定的，因此，忽略其他因素不计，书库的藏书量受书籍的平均厚度影响很大。产生误差的很大原因是对于书籍的平均厚度测算不准，尤其最近几年我国新闻出版事业发展很快，图书的开本、厚度变化较大，仍然按照1999年版《图书馆建筑设计规范》提供的书籍平均厚度来测算书库的容量，自然会有较大的误差。

（五）特殊读者服务区

图书馆是面向所有居民服务的，少年儿童、残疾人等特殊读者也是图书馆重点服务的群体之一，因此，进行图书馆总体布局设计时必须考虑到特殊读者服务区的设计。

少儿服务区域的位置安排上应与其他读者活动区域之间保持一定的距离，同时还要注意隔音处理,以免少儿读者特别是低幼儿读者对其他读者产生影响。一般情况下,少儿读者特别是低幼儿读者到图书馆都有父母或其他家长陪伴,可以在少儿活动区域毗邻区域安排父母阅览室,一则方便父母照看孩子,二则父母同时也可阅读一些少儿培养、教育方面的书籍资料,三则可以在少儿活动区域与其他读者活动区域之间起到一个有效的间隔和缓冲作用。

少儿服务区域内部一般包括玩具区域、视听区域、科技区域、借阅区域和网络区域等。玩具区域是主要面向低幼儿以游戏为主的服务区域。视听区域主要面向少儿读者提供科普讲座、知识性影视资料等服务。科技区域是面向小学生读者提供动植物标本制作及其养殖等科技活动服务的区域。借阅区域是面向小学生读者提供图书资料借阅服务的区域。网络区域是培养少儿读者计算机、网络知识和技能的区域。少儿服务区域要专门设计安排残疾少儿活动区域,以便他们同样能够享受到必要的服务。

根据国家有关规定,图书馆的主要阅览室和观众厅等都应设立残疾人席位。此外,图书馆新馆最好设有专门的残疾人服务区,比如盲人阅览室等。为方便残疾人读者,残疾人服务区应该将阅览、外借、视听、网络、咨询等尽可能多的服务纳于一体,同时将方便残疾人读者使用的相关资料、设备、设施等配备齐全,使残疾人读者在一个地方便可方便地享受各项服务。

残疾人读者服务区应该安排在一层或其他较低的楼层,并且与相关的无障碍设施如专供残疾人使用的出入口、坡道、走道、门、电梯、停车车位、洗手间等尽可能距离近些,以便于残疾人读者使用。

(六) 基础设备区

基础设备区指空调、通风、采暖、运输、发电、变电、配电、消防、监控以及水泵等图书馆建筑正常运营所需设备的放置区域。

一般情况下,通风、采暖、垂直运载工具的主机设备或机房可以安排在楼顶,变电、配电、消防、监控等可以安排在一层,水泵安排在地下室,运输设备放置在书库内,设备区可以与文献储藏区相邻但不能相互交叉干扰。如果设备区与文献储藏区相邻,在建筑设计、施工和布局上要做好隔离和隔断,以避免产生消防隐患。

在设计基础设备区的布局时要考虑机房和设备噪声的影响，这一点往往被多数人忽略，图书馆建成投入使用后才发现某些地方的噪声让人忍无可忍，更不用说在那里专心看书了。对读者最可能造成影响的就是机械通风，即设备抽风、送风时产生的噪声。"不仅要控制主机、锅炉、通风机、制冷设备以及水泵产生的噪声，而且要控制通往建筑物的各种大小风道和水管的噪声，其中尤其要注意对噪声最敏感的一些地区。另外，对轴流风机等局部性设备也必须进行消声处理。"

此外，除了噪声，基础设备区还可能产生粉尘、电磁辐射等其他污染，而基本设备区往往是某些工作人员的工作区，如何减小基础设备区各种环境污染因素对于工作人员的干扰和损害，也是在进行基础设备区布置时需要考虑的一个问题。这既是贯彻以人为本办馆理念的必然要求，也是劳动安全保障法规的要求。

基础设备区的布置还要有助于设备设施的定期或突发的维护和维修，因此，供维护维修使用的出入通道也是非常重要的一个问题。出入通道的安排位置以避免对读者和图书馆行政业务工作造成干扰为前提，要尽量距离读者活动区和馆员工作区远一些为好。

从消防安全和卫生角度考虑，基础设备区内一般不应安排洗手间。

(七) 员工工作区

员工工作区包括图书馆行政工作区和业务工作区两部分。

行政工作区一般包括馆长室、办公室、财务室、会议室等行政办公用房。行政工作区是图书馆各项工作的领导中心，既要方便内部管理与联系，又要方便读者和来宾的接待，所以位置要适中，避免与读者、内部业务部门之间的相互干扰。行政工作区一般安排在楼层的高层或底层。

业务工作区一般包括采编、典藏、辅导、咨询、研究、信息处理、美工、技术等有关业务区。其中，采编业务工作区和技术业务工作区的布局尤其值得注意。

采编业务工作区是图书馆的基本业务工作区。采编工作包括下列环节：收书、采购、分类、编目、加工、入库上架。采编工作区的布置要按照上述环节形成一个流水线。流水线的起始部分朝向疏散撤离区的人口，便于新书以及报刊等文献资料向馆内编目工作区的搬运。流水线的末端朝向文献储藏区，便于将加工后的成品文献搬运到文献储藏区。需要注意的是，从编目工作区运送成品文献到文献储藏区，要避免出现穿行读者活动区和露天空间的情形。一般情况下，编目工作区设置在图书馆的低层，水平方向与书库、阅览室等读者活动区域相邻。采编业务工作区布置时按照一个统一的整体来看待，不应把它拆分成几个单独的部门设置在不同区域，这样既不利于整体空间的布置，还会影响到将来的工作效率。

技术部门承担着图书馆内部网络、自动化系统、计算机等设备维护以及相关的开发工作。技术部门涉及的业务工作区域有技术部工作人员用房、服务器机房等等。有的图书馆把技术部工作区域与服务器机房分作两处，大一些的图书馆一般都有几台服务器。服务器的维护是很重要的一项工作，如果服务器出现故障，就需要两头跑，实际操作中不够便捷，所以最好把服务器机房与技术部工作人员工作区域安排在同一个区域。作为机房，温度、湿度以及电源等都要按照有关标准进行设置。技术业务工作区的布置还需要注意一个问题，就是要多配置一些规格不同的电源插座，以备不时之需。

以往的图书馆还设有照相室和装订室，前者用于文献资料的照相和胶片冲洗，后者配备专用的装订设备，用于报刊合订本和图书的装订。随着数字技术的发展，传统照相技术已经日渐被数字技术所取代，而大量的装订工作也采取外包的方式完成。因此，现在的图书馆一般不再设立专门的照相室和装订室。

（八）疏散撤离区

疏散撤离区包括图书馆的出入口、紧急出口、连接出入口和紧急出口的通道、电梯、自动扶梯、楼梯、供残疾人士使用的出入口、行进、太平门等区域。

疏散撤离区的空间位置一般相对稳定，设计布局时要统筹考虑图书馆周围的自然环境、道路、建筑环境、图书馆各个时间段的读者流量、消防安全等诸多因素的影响，达到既要符合消防安全的要求，有利于疏散撤离，又要节约空间且美观大方。

对出入口进行设计和布局时需要考虑工作人员与读者的出入是否分离，图书等货物的出入是否与人员出入分离。

紧急出口是紧急情况下安全疏散的出口或通道，紧急出口要易于找到，易于打开，周围不能有障碍物，以免影响通行。紧急出口在平时应处于备用状态。

通往出入口和紧急出口的通道宽度要符合有关规定，通道中间不能有障碍物，以免妨碍通行。

现在大多数图书馆的疏散撤离区大多采用的是电梯，很少有采用自动扶梯的。但"用自动扶梯代替电梯可能有很大优越性，可是图书馆员对它们性能的了解不及电梯。自动扶梯当然能载运非常大量的人，而且能倒转，在白天大部分时间里它只向上运送读者，到闭馆时又迅速把大量读者送下来。另一种办法是只安装一个向上的自动扶梯，离馆读者使用楼梯下楼。自动扶梯效率高，但也有缺点（除成本高外）：它比电梯需要更多的面积，因此成为设计中的一项主要考虑因素。"

根据消防规则，馆内除电梯或自动扶梯外，还应该设楼梯。这些设备之间的关系不但影响读者通行路线而且影响规划上的考虑。坡道的优点是不容忽视的；它们在生理学上比楼梯更有效，而且很适合残疾人。因此把它作为通向太平门的通道是颇有优点的。楼梯尽量不要使用旋转楼梯。

疏散撤离区还要配备应急照明设备。

太平门最好不要设置旋转门，它既不利于办公桌等大型家具的进出，也不利用紧急情况下人流的疏散。如果一定要设置旋转门，那么应在旋转门的旁边设置一个普通的便门，以备在人流高峰或紧急情况下使用。

（九）停车区

停车区包括自行车、机动车和残疾人专用车停放区域。

多数图书馆都设有自行车停放区，但是对机动车和残疾人专用车停放问题考虑不够。

随着我国社会经济的发展，居民自己购车的家庭越来越多，开车到图书馆看书会越来越成为一种时尚。而残疾人事业的不断发展和进步，亦使得越来越多的残疾人来利用图书馆。这种情况下，机动车和残疾人专用车的停放问题就成为需要解决的一个重要问题，尤其是在一些经济发达、人口众多的大中型城市更是如此。

因此，新馆建设从一开始就要统筹考虑停车区的问题，将自行车、机动车和残疾人专用车停车问题综合考虑，并配以计时、收费等相关配套设施和管理措施，以更好地为读者服务。自行车和残疾人专用车停放不应收费，机动车停放按照有关规定收取一定的费用。

停车场一般有露天停车场和地下停车场两种类型。如果图书馆占地面积比较充裕，可以根据情况同时开设露天停车场和地下停车场。如果图书馆占地面积不是很宽裕，则可以主要考虑地下停车场的建设。露天停车场主要以解决自行车和残疾人专用车的停放为主，机动车的停放则依靠地下停车场解决。

第三节 图书馆新馆的设备

一、给水排水系统

图书馆人员对于给水排水系统一般很少有非常熟悉的，因此，给水排水系统的设计、施工、设备的选择和购置基本上都交由设计方、建筑方来完成，自己绝少干预和过问。

图书馆室内外的给水、排水系统和消防给水系统很重要，关系着图书馆的正常运营，要做到安全、畅通、无堵塞、无泄漏和节约。要达到这样的目的，给水排水设备设施的质量尤为关键。

给水设备设施包括生活用水设备、卫生器具、管道、配件、附件、水表、水泵、吸水井、贮水池、水箱、气压给水设备、喷泉等。排水设备设施包括卫生器具、地漏及存水弯、管道、管材、附件、检查井、通气管、污水泵房、集水池、局部污水处理、屋面雨水排水设施等。热水供应系统包括锅炉、水加热器等水的加热设备、贮水器、管材、附件等。

给水排水设施设备的选择需要注意下列几个问题：

第一，要求设计、建筑等有关各方严格按照国家有关标准和规范进行设计和选型。严格按照该《建筑给水排水设计规范》（GB50015—2019，以下简称《规范》）的要求进行给水排水系统的设计、建设以及相关设备的选型可以有效地保证图书馆给水排水系统建设质量。

第二，对给水排水设施设备厂商进行严格考察，选择产品质量过硬、信誉好，并且通过国家相关认证的企业合作，严禁与那些生产假冒伪劣产品的企业合作，从源头上保证产品的质量。

第三，洗手间的给水排水设施设备的选择尤其要倍加注意，人们往往对于埋藏于地下和图书馆建筑物内的给水排水管道以及相关设备设施的质量更加注意一些，因为它们一旦出现问题维修很不方便。但对于洗手间的给水排水设施设备的质量却注意不够，结果图书馆建成不久，洗手间就出现了跑冒滴漏问题，大大影响了读者的满意度。

第四，尽量选择节水型的给水排水设备设施。维持一个图书馆的正常运营，需要消耗大量的能源和水资源。降低图书馆能源和水资源消耗，是图书馆建设的一个重要原则。因此，要尽量选择节水型的给水排水系统设备设施。

二、暖通设备

（一）采暖系统

《图书馆建筑设计规范》规定了采暖地区图书馆各种用房冬季采暖室内设计温度，比如门厅、走廊、报告厅等读者或工作人员不常停留的区域温度为14~16℃，其他区域一般都在16℃以上、以下不等。

黄河以北地区图书馆冬季固然需要采暖，黄河以南地区图书馆是否需要取暖可根据图书馆的建筑规模、本地区的气象条件、能源状况、政策、环保要求以及本地区居民的生活习惯，特别要考虑建成后的运营费用能否维持等因素，具体确定是否需要采暖以及采用何种采暖方式。

采暖系统相关的设施设备包括散热器、采暖管道、蒸汽喷射器、金属辐射板、锅炉等。采暖方式包括散热器采暖、热水辐射采暖、燃气红外线辐射采暖、热风采暖及热空气幕、电采暖等方式。

北方地区的图书馆一般采用散热器采暖。我国目前有钢制、铸铁、铝制、其他材料等四大类别的散热器系列产品，其中钢制散热器占35%。铸铁散热器由于生产过程污染大、外观粗糙等原因，使用受到一定限制。钢制散热器和铝制散热器生产过程污染小、表面光滑、外形美观、形式多样，但因腐蚀问题导致产品使用寿命短，其推广应用受到限制。《采暖通风与空气调节设计规范》"采暖部分"局部修订规定，"采用钢制散热器时，应采用闭式系统，并满足产品对水质的要求，在非采暖季节应充水保养……""采用铝制散热器时，应选用内防腐型铝制散热器，并满足产品对水质的要求"。

南方地区的图书馆可以根据情况采取适宜的采暖方式和采暖设备，可以考虑采用分室电采暖方式，比较灵活方便。

采暖设施设备的选型要注意选择那些通过国家有关认证的环保、节能设备。

（二）空调系统

空调系统的制冷方式一般包括压缩式制冷、吸收式制冷、半导体制冷等制冷方法，对于压缩式制冷是最常用的制冷方法，使用率约占90%。

压缩式制冷空调系统包括蒸发器、压缩机、冷凝器、节流阀以及电脑控制系统。对于压缩式制冷空调系统的选择，需要注意四个问题：

第一，空调选型。一般情况下，如果有专门的电子阅览室或者计算机数量较多的局部区域应该采用分体式空调系统，而不宜采用中央空调系统。这些区域只要开放就需要打开空调以调节室内温度并流通空气，因为人多、计算机多，空气污浊且散发热量多。而中央空调制冷区未必需要天天开放制冷。考虑到非典等传染病出现时预防其传播，应在更多的区域采取分体式空调系统。

第二，环保问题。压缩式制冷空调的工作中介是制冷剂，现在最常用的制冷剂是氟利昂，氟利昂分为氯氟烃（CFCs）、含氢氯氟烃（HCFCs）、氢氟烃（HFCs）三类。其中，含有氯的氟利昂对空气中的臭氧层有破坏作用，而臭氧层能够屏蔽太阳光中对地球上生物有害的紫外线。三类氟利昂中，氯氟烃对臭氧层的破坏作用最为明显，含氢氯氟烃对臭氧层的破坏作用比氯氟烃小得多，而氢氟烃不含氯，对臭氧层没有破坏作用。因此，第一类氟利昂是当前淘汰的重点，第二类氟利昂作为过渡物质目前还可以使用，第三类氟利昂是将来制冷剂的发展趋势。选择压缩式制冷系统要考虑环保问题。

第三，节能问题。夏季炎热，图书馆空调制冷电能消耗相当大，每天电费少则几千元，多则上万元。应选择那些采取节能技术的能源效率高的制冷设施设备，尽量以最低的能源消耗换取最大的运营效益，有效降低图书馆的运营成本。

第四，污染问题。选择制冷系统设施、设备的时候，还要考虑一些传染病出现时能够有效预防其传播。为了节能，不少中央空调制冷系统把室内排出的部分冷气与室外的新风混合集中降温后输送到室内，这样造成了图书馆内部空气互相掺混。如果图书馆内空气有污染，则污染的空气很有可能通过通风系统传播到其他房间，从而导致交叉污染。可以考虑采取使用全新风的制冷系统，但如若这样，设备和能耗都会增大。或者也可采用混合空气制冷系统，增加备用新风口以备不时之需。总之，制冷系统的设置要符合《公共场所集中空调通风系统卫生规范》中的有关规定。

(三) 通风系统

《图书馆建筑设计规范》规定："图书馆内各种用房应有自然通风，阅览室应采取建筑措施或机械排风设备。在冬季门窗关闭的情况下，满足室内通风换气的需要。""书库无空气调节系统时，应设机械通风设备。当地空气污染超标时，应有净化措施。"

《通风与空调工程施工质量验收规范》（GB 50243—2016）对通风系统做了明确规定，即通风系统包括送风、排风、防烟、排烟、除尘等子系统。

根据情况，可以采取局部机械通风和全面机械通风两种作用范围不同的通风方式。图书馆等公共场所一般都采用全面通风方式。全面机械通风系统包括送风系统与排风系统，它的组成是百叶窗、空气处理设备、送风机、送风口、百叶窗回风口、除尘器、排风机、风管、风帽。

通风系统与空调系统中不少部件或组成部分是通过原材料、半成品加工制作而成，原材料、半成品的质量以及加工制作质量对于通风系统与空调系统的质量影响很大。根据《通风与空调工程施工质量验收规范》（GB 50243—2016）的规定，通风系统相关原材料、半成品、设备进入施工现场后，必须对其进行实物到货验收。因此，严格遴选合格的相关原材料和产品的供应商是保证通风系统工程质量的基础。

另外，对于风管制作、风管部件制作、风管系统安装、通风设备安装等相关环节一定要进行严格验收，对验收内容、检查数量和检查方法应严格按照《通风与空调工程施工质量验收规范》（GB 50243—2016）的相关规定执行。

三、配电系统

配电系统是图书馆的能源中枢，其主要作用是接受电能、变换电压、分配电能。配电系统由供电电源、配电网和用电设备组成。配电系统的供电电源可以来自电力系统的电力网，也可以来自图书馆自备的发电机。配电网的主要作用是接受电能、变换电压、分配电能。由降压变电所（或高压配电所）、高压输电线路、低压配电线路等组成。将电源得到的电能经过输电线路，直接输送到用电设备。用电设备是指消耗电能的电气设备。

根据《民用建筑电气设计规范》（GB51348—2019）的有关规定，首先确定图书馆配电系统的负荷分级，由负荷分级进而确定配电要求，然后根据配电要求确定相应的配电设备。配电设备包括变压器、电动机、高压电气设备、低压电气设备、电力电容器、各种用电设备。

配电设备选择的首要原则是质量稳定、安全可靠。配电系统一旦出问题，将会直接影响到整个图书馆的正常运营，甚至会严重威胁到图书馆的财产安全、工作人员和读者的生命安全，因此，配电设备的质量、安全性能至关重要。

配电设备选择的第二个原则是高效节能。配电设备本身就要消耗一定的电能，同时电能在整个配电网之间传输也会损耗一定的能量，日积月累，这项损耗就不容忽视了。因此，在条件许可的情况下，要尽可能选择那些高效节能的配电设备。

四、照明系统

照明设备由光、灯具、照明配电设备组成。照明配电设备包括配电箱、插座和开关。配电箱的组成包括照明配电箱、电能表箱、插座箱、漏电保护照明电能表箱。

选择图书馆的照明设备需要注意这样几个问题：

第一，计算确定图书馆照明总负荷以及不同区域的负荷，从而确定配电设备的功率，并根据其他条件选择合适的配电设备。

第二，根据图书馆照明系统设计书、《图书馆建筑设计规范》和《民用建筑电气设计规范》的有关规定和要求，计算确定读者活动区、馆员工作区、文献储藏区、基础设备区等不同区域的工作面的高度或距离地面垂直高度及其照度，同时明确不同区域的照明质量、电源电压、应急照明、照明网络等有关方面的要求，确定不同区域应该采取的照明方式和照明种类。

第三，根据照明方式和照明种类以及各种电光源和灯具的特点进一步确定采用何种电光源和灯具。电光源根据发光原理分为热辐射光源和气体放电光源。

热辐射光源常见的有白炽灯和卤钨灯。白炽灯具有结构简单、使用方便和显色性好的特点，但发光效率低、抗震性能差。白炽灯一般用作室内照明光源。卤钨灯包括碘钨灯、溴钨灯，在白炽灯泡中充入微量的卤化物循环提高发光效率，显色性好。但卤钨灯有如下缺点，必须水平安装，倾斜角不能大于4°，不允许采用人工冷却措施，工作时的管壁温度可高达600℃，不能与易燃物接近，抗震性、耐电压波动性都比白炽灯差。卤钨灯广泛作为橱窗、餐厅、会议室、博物馆、展览馆的照明光源。

气体放电光源按发光物质不同又分为金属类（低压汞灯、高压汞灯）、惰性气体类（如氖灯、汞氖灯）、金属卤化物类（钠、铟）等。气体放电灯中最常见的有荧光灯、高压汞灯、高压钠灯、金属卤化物灯四种。荧光灯具有光效高、使用寿命长、光谱接近日光、显色性好的特点，缺点是功率因数低、有频闪效应、不宜频繁开启。荧光灯多用在图书馆、教室等对显色性要求较高的场所。高压汞灯具有光效高、寿命长的特点，适合于庭院、街道、广场等场所的照明。高压钠灯在各种电光源中光效最高，是用于交通和广场照明的光源。金属卤化物灯具有光效较高、寿命长、显色性极好的特点，适用于美术馆、展览馆等场所。

灯具的种类繁多，通常以灯具光通量在空间分布的特性、灯具结构特点、使用场所的要求及经济条件等因素为依据，加以合理选用。

第四，电光源和灯具选择的具体参考原则：

电光源的选择以绿色照明工程为原则：①限制白炽灯的应用；②利用卤钨灯取代普通的白炽灯；③推荐采用紧凑型荧光灯取代白炽灯；④推荐直径为26mm和16mm的细管荧光灯；⑤推荐采用钠灯和金属卤化物灯；⑥淘汰碘钨灯；⑦利用高效节能的灯具和灯具附件；⑧采用各种照明节能的控制设备和器件。

灯具的选择原则：①光的技术特性；②环境条件；③灯具外形与建筑物或室内装饰协调；④经济性。

五、电话、广播、会议设备

（一）电话系统

电话系统是图书馆进行联系的有效工具。进行电话系统设备的选型采购之前，首先需要了解一下集团电话和程控用户交换机。

集团电话：把若干个电话集中起来共用若干条外线同时内部具有免费通话功能的电话系统。集团电话是一种具有特殊用途的用户小交换机。

程控用户交换机：不同用户之间的通话，是通过电话交换机来完成的。利用计算机进行程序控制的交换机就是程控交换机。程控交换机一般可以分为局用程控交换机和非局用程控交换机。

集团电话与程控用户交换机的优点都是可以共享外线、内部免费通话以及进行话务管理。

图书馆电话系统设置首先遇到的问题就是，是否需要设置集团电话或程控用户交换机。这个问题可以从两个方面考虑：

第一，电话终端的数量。如果图书馆的电话终端数量小于20个，全部使用直线电话即可，没有必要设置集团电话或程控用户交换机。如果图书馆的电话终端数量大于 20 个，则可以考虑设置集团电话或程控用户交换机，以方便内部交流。

第二，成本问题。以前设置集团电话或程控用户交换机的目的一般有两个：一是电话线路资源不足，通过集团电话或交换机可以实现线路共享，降低线路成本。二是方便内部通话，降低话费成本。现在，上述两个方面的问题都已不成为问题了。电话线路已不是稀缺资源，市话价格比以前下降了很多。因此，在图书馆电话终端数量不是很多的情况下，已经没有必要设置集团电话或交换机了。因为集团电话或交换机本身需要花费购买成本，甚至还需专门的话务人员对其进行管理。

如果图书馆需要设置集团电话或程控用户交换机，那么在选择集团电话或程控用户交换机时需要注意下面几个问题：

第一，首先根据本馆电话终端数量确定集团电话或程控用户交换机的容量。

集团电话的外线包括 2 外线、3 外线、4 外线、8 外线……192 外线等等规格，内线包括 8 分机、10 分机、24 分机……416 分机等多种规格。

程控用户交换机一般分为小容量、中容量、大容量三种类型，小容量指的是 250 端口以下的交换机，中容量指的是 250~1 000 端口之间的交换机，大容量指的是 1 000 端口以上的交换机。一般的图书馆选择小容量的程控用户交换机就够了。小容量的程控用户交换机还有 64 端门、128 端口、160 端口、192 端口等多种规格。

第二，根据本馆电话终端数量以及集团电话、程控用户交换机的容量确定中继线的数量。

集团电话一般直接采用普通外线作为中继线，也可以采用普通中继线、ISDN 线路、E&M 专线、一号通作为中继线，对于中继线的数量没有严格要求，可以参考程控用户交换机的中继线数量确定。

程控用户交换机的中继线数量与其所接的可与市话通话的分机数量相关，如果分机数量小于 50，可以采用呼入呼出双向中继 1~5 条话路。分机数量等于 50，可以采用3条呼入中继话路、4条呼出中继话路。分机数量等于100，可以采用6条呼入中继话路、7条呼出中继话路。分机数量等于200，可以采用10条呼入中继话路、11条呼出中继话路等等。

第三，根据电话系统的整体设计选择合适的电话配线设备、分线设备、配线电缆、用户线及用户终端机。

第四，如果使用程控用户交换机，根据情况还可能需要建立电话站机房。电话站机房除了程控用户交换机、总配线架或配线箱之外，还包括计算机终端机、打印机、整流器、蓄电池、交流配电屏、直流配电屏等设备。

第五，对电话系统有关设备进行选择时，一定要注意考察生产厂商的资质及其生产的设备是否具有入网许可等等。

(二) 广播系统

图书馆内的广播系统一般包括三部分：公共区域的背景音乐系统、业务管理广播系统、紧急事故广播系统。图书馆内的广播系统基本上都是有线广播系统，根据用途，有线广播系统分为语言扩声系统、音乐扩声系统、语言和音乐兼用的扩声系统三类。

语言扩声系统具有传输距离远、扬声器多、覆盖范围大的特点，对音质和声压级要求不高，但对声音的清晰度有一定的要求，频率一般为250~4 000Hz。语言扩声系统可用于业务广播系统、紧急广播系统、背景音乐系统。

对于大多数图书馆而言，一般都没有专门的音乐厅或演播厅，所以采用语言扩声系统或语言和音乐兼用的扩声系统就足够用了。图书馆内部如果设有专门的音乐厅或演播厅，在这些地方需要配备音乐扩声系统。

任何一种扩声系统的组成包括四个部分：节目源设备、信号的放大和处理设备、传输线路和扬声器系统。

节目源设备包括话筒、无线电广播、激光唱机、录音卡座、传声器、电子乐器以及其他声源设备等。信号放大和处理设备包括调音台、前置放大器、功率放大器和各种控制器及音响加工设备等。传输线路随系统和传输方式的不同而有不同的要求。图书馆的广播系统对传输线要求不高。扬声器系统与整个系统要匹配，其位置的选择也要切合实际。

(三) 会议系统

图书馆一般都会设置若干个大小不等的会议室，会议系统是会议室不可缺少的，可以提高会议质量和会议效率。

会议系统的选择和配备视会议室的规模、档次以及图书馆的投入情况可繁可简。

会议系统一般包括会议讨论系统、会议同声传译系统和会议表决系统。会议讨论系统最为常用。会议同声传译系统在那些每年都有国际会议召开的图书馆中配备。会议表决系统大多数图书馆都用不上，但随着图书馆与城市、社区结合日益密切，城市和社区对于会议表决系统的需求日益强烈。因此，一些图书馆也有可能考虑配备会议表决系统。

目前最先进的会议系统是数字会议系统，可以在同一条电缆上实现多路同时发言、多路同时同声传译、投票和表决等功能。对于所有类型的会议都可以提供很灵活的管理，具有多功能、高音质、保密性高等优点。

数字会议系统由中央控制设备、发言设备、同声传译和语种分配设备、资料分配显示设备和应用软件组成。

中央控制设备是会议系统的核心，它可以独立操作，实现自动会议控制，也可以由工作人员通过计算机控制，实现更复杂的管理。发言设备包括主席发言话筒和代表发言话筒。同声传译和语种分配设备由拾音部分、放送部分、翻译部分、译语发送接收部分四部分设备组成。资料分配显示设备指会议大厅显示屏。应用软件是会议系统的软件管理系统。

会议系统的选择首先要遵循量力而行的原则，一定要从本馆的实际出发，既不可盲目求新求异，导致会议系统成本大幅度攀升；又不可片面追求低成本，造成会议系统不能满足将来需要的结果。

会议系统选择的第二个原则是注重实用性。把满足工作需要作为重要的原则进行考虑，同时还要考虑操作是否方便、维护是否简单、管理是否简便等。

六、消防、保安、防雷系统

(一) 消防系统

消防系统的全称是火灾报警消防系统,其主要组成是火灾自动报警系统和灭火及联动控制系统。前者是消防系统的感应机构,用以启动后者工作;后者是系统的执行机构。

火灾自动报警系统由探测器、手动报警按钮、报警器等构成。火灾探测器的种类有感烟火灾探测器、感温火灾探测器、感光火灾探测器。火灾报警控制器分为手动报警器、通用报警器、区域报警器和集中报警器等。

灭火系统的灭火方式分为液体灭火和气体灭火两种,常用的为液体灭火方式。自动灭火系统包括自动喷水灭火系统、室内消火栓灭火系统、气体灭火系统、泡沫灭火系统等。

联动系统有火灾事故照明及疏散指示标志、消防专用通信系统及防排烟设施等。

凡设有火灾自动报警和自动灭火系统,或设有自动报警和机械防排烟设施的建筑都应设有消防控制中心,负责整座建筑物火灾的监控与消防工作的指挥。

图书馆消防系统至关重要,它不仅关系着图书资料的财产安全,更关系着读者和工作人员的生命安全,因此,对于消防系统设备的选择一定要慎之又慎。

要严格依据国家相关标准《高层民用建筑设计防火规范》《建筑设计防火规范》《建筑灭火器配置设计规范》《高校图书馆建筑设计规范》的规定,并结合图书馆不同区域的不同特点及其消防要求,选择优质的消防设备。

(二) 保安系统

保安系统是保护图书馆财产安全、重要信息安全以及读者和工作人员人身安全的系统。根据保护对象的不同,可以分为外部侵入保护、区域保护和目标保护。

外部侵入保护是防止侵入人从图书馆的外部侵入图书馆内部,而在门、窗和墙体等部位设置报警装置，一旦发现侵入即可自动报警的保护措施。区域保护是针对善本区等图书馆内重要区域进行的保护。目标保护是针对图书馆内部的重要目标进行的保护。

保安系统一般由门禁系统、防盗门控制系统、防盗报警系统、闭路电视监控系统、保安人员巡更管理系统组成。多数图书馆采用的系统有门禁系统、防盗报警系统、闭路电视监控系统。

门禁系统由计算机、控制器、读卡器、电子门锁、管理软件等组成。门禁系统一般多采用 IC 卡门禁系统。

防盗报警系统由探测器、区域报警控制器和报警控制中心三部分组成。

闭路电视监视系统的主要设备由摄像机、云台、视频切换器、监视器、录像机与控制台组成。

(三) 防雷系统

图书馆等建筑物的配电系统、电子信息系统等由于受内部或外部因素的影响，可能发生电压升高的现象，从而使电气设备的绝缘遭到破坏。特别是当电路和设备附近发生雷云放电现象时，或者引起静电感应过电压，严重者或者引起雷击。雷击的破坏作用很大，不仅会引起财产损失，还可能危及生命。

为避免因雷击等过电压造成的损失，一般采取防雷系统预防雷击等过电压。防雷系统的安装要遵从国家有关规范。与图书馆相关的建筑物防雷设计规范有：《建筑物防雷设计规范》《电子计算机机房设计规范》《建筑物电子信息系统防雷技术规范》等。

根据上述规范首先确定图书馆所在地区的雷暴日等级、雷电防护区的划分、雷电防护等级。根据确定下来的等级按照相关规范确定需要设置的防雷系统的具体设施。一般的防雷装置由接闪器、引下线、接地装置三部分组成。

图书馆内部电气设备很多，雷电对其侵入的渠道也很多，例如空间通道、天线通道、信号通道、电源通道、落雷点建筑物高位冲击通道等等。为了保证图书馆内各种电气设备的正常运行，需要对建筑物采取综合防雷，在常规防雷基础上，针对建筑物、特殊用房和重要设施增加各种相应的防雷保护措施。

七、集成、综合布线系统

(一) 集成系统

图书馆集成系统是现代图书馆必备的基础业务系统，通过集成系统可以对图书馆的采访、编目、流通、连续出版物管理、公共检索、网站管理等各个业务流程方便地进行计算机作业和管理，读者也可以通过集成系统随时随地对图书馆的馆藏进行检索。

图书馆集成系统国内外产品种类很多，经过多个阶段的发展，集成系统技术已经相当成熟，形成了适用于不同类型、不同规模图书馆的产品系列。选择图书馆集成系统需要注意下面几个问题。

第一，要选择基于互联网的 WEB 版集成系统。早期的图书馆集成系统一般都是基于局域网环境开发的，其各项功能的使用只能在图书馆内部进行。读者要检索图书馆的馆藏，只能在图书馆内部使用集成系统进行检索，在图书馆外部是不能够使用集成系统的，这对于图书馆而言有着非常大的局限。

而基于互联网的 WEB 版集成系统只要有图书馆管理人员的授权，可以不受图书馆物理环境的局限而随时随地进行使用，大大方便了工作，尤其是方便了读者，对于公共图书馆意义重大。

第二，图书馆集成系统要提供图书馆网站建设管理系统。网站是图书馆的门户和网上名片，也是图书馆必不可少的组成部分，是读者了解、使用图书馆的桥梁。图书馆集成系统内部应该提供图书馆网站建设管理系统，可以使图书馆的网站建设管理与图书馆日常业务流程紧密结合起来，降低成本，提高效率。

第三，图书馆集成系统要有较好的可扩展性。随着图书馆的发展，馆藏和服务的品种、数量都会有较大的增长，对图书馆集成系统的性能和需求也会逐步增强。因此，图书馆集成系统要有比较好的可扩展性，以适应图书馆发展的需要。

第四，根据具体情况确定选择国内外产品。国内外图书馆集成系统的产品种类很多，一般情况下，国外的产品系统庞大、价格昂贵。到底选用国内还是国外的产品，要根据图书馆的规模、资金、需求等多方面的情况确定，切不可妄自菲薄、崇洋媚外,也不可夜郎自大、盲目排外,应按照效益最大化和成本最小化的原则确定到底采用何种产品。

(二) 综合布线系统

一座现代化的智能图书馆,其内部包含了电话系统、电视系统、广播系统、会议系统、保安系统、消防系统、计算机网络系统、办公自动化系统以及物业管理系统等多种现代化系统,各系统通过传输相关的语音、数据、图文、图像以及多媒体信息展开工作。这些系统在传输有关信息时都需要传输线路。如果每个系统都设计各自的传输线路,就会形成重复建设、成本高、标准不一、相互兼容性差、可扩展性不强等不足。

综合布线系统把所有语音、数据、图文、图像以及多媒体设备的布线组合在一套标准的布线系统中,实现传输线路和终端接口的共享和兼容,可以有效地克服前面所说的不足。当终端设备的位置需要变动时,只需将终端设备的插头插入相关的终端接口再做一些简单的跳线即可,具有很大的灵活性。

综合布线系统由六个子系统组成:工作区子系统、配线子系统、干线子系统、设备间子系统、管理子系统、建筑子系统。

工作区子系统由终端设备连接到信息插座的连接软线及适配器组成,相当于电话配线系统中连接话机的用户线及话机终端部分。

配线子系统将干线子系统线路延伸到用户工作区,相当于电话配线系统中配线电缆线或连接到用户出线盒的用户线部分。

干线子系统提供建筑物干线电缆的路由。该子系统由干线电缆组成,或者由电缆和光缆及其所连接的相关支撑硬件组合而成,相当于电话配线系统中的干线电缆。

设备间子系统把中继线交叉连接处和布线交叉连接处连接到公用系统设备上,由设备间中的电缆、连接器和相关支撑硬件组成,它把公用系统设备的各种不同设备互联起来,相当于电话配线系统中的站内配线设备及电缆、导线连接部分。

管理子系统是针对设备间、交换间和工作区的配线设备和缆线按一定的模式进行标志和记录的规定系统。

建筑子系统由一个建筑物中的电缆延伸到建筑群的另外一些建筑物中的通信设备和装置上，它提供楼群之间通信设施所需的硬件。其中有电缆、光缆和防止电缆的浪涌电压进入建筑物的电气保护设备。相当于电话配线中的电缆保护箱及各建筑物之间的干线电缆。

综合布线产品种类很多，提供综合布线施工服务的企业也很多，选择综合布线产品一定要选择那些符合国际标准的产品，而且尽可能选择同一家企业的产品，以便保持较好的一致性。而综合布线施工服务企业一定要经过国家有关部门认证才可以。

另外，性价比、实用性、灵活性、可扩充性等都是选择综合布线产品时要考虑的因素。

八、电梯系统

电梯是现代图书馆建筑中不可缺少的运载工具，图书馆的电梯根据用途可以划分为乘客电梯、载货电梯、客货两用电梯三种。

电梯的种类有很多，按照运行速度分类，可分为超高速电梯、高速电梯、快速电梯、低速电梯。按照拖动方式分类，可以分为直流电梯、交流电梯、液压电梯、齿轮齿条电梯、直线电动机驱动电梯。按照控制方式分类，可以分为手柄控制电梯、按钮控制电梯、信号控制电梯、集选控制电梯、下（或上）集选控制电梯、并联控制电梯、梯群程序控制电梯、梯群智能控制电梯、微机控制电梯。根据有无司机可以分为有司机电梯、无司机电梯、有/无司机电梯。按机房位置分类，可以分为上置式电梯、下置式电梯。按曳引机结构分类，可以分为有齿曳引机电梯、无齿曳引机电梯。

选择电梯，首先要对电梯的基本规格有所了解。衡量电梯基本规格的参数有七个：①用途；②额定载重量；③额定速度；④拖动方式；⑤控制方式；⑥轿厢尺寸；⑦门的类型。根据这些参数就可以明确对电梯的服务对象、运送能力、工作性能以及对井道和机房的要求。

其次，对于电梯的组成结构要有所了解，以便根据不同类型电梯的特点和建筑物本身的特点确定选择何种电梯最好。电梯的主要机械装置由轿厢、门系统、导向系统、曳引系统、对重系统及安全保护系统组成。

第三，认真分析和测算图书馆建成后人员、货物运送能力的需求特点及其可能发生的变化，据此选择合适的电梯。

第四，电梯要运行安全、反应灵敏、舒适可靠、便于维护。

九、车场系统

车场系统是停车场管理系统的简称。一般情况下，停车场车位超过 50 个时就应考虑配备车场管理系统，以便对停车场进行有效管理，提高停车场的利用效率和管理质量。

停车场管理系统的主要功能包括：检测和控制车辆进出、指引司机驾驶以便迅速找到适当的停车位置、统计进出车辆的种类和数量、计费或收费、统计日进额或月进额、开账单等。

停车场管理系统组成包括车辆出入的检测与控制、车位和车满的显示与管理、计时收费管理三个子系统。

常见的车辆出入检测方式有红外光电检测方式和环形线圈检测方式两种；根据车辆出入的两种检测方式，有环形线圈检测方式出入不同口等七种信号灯控制系统的设计方法。

车位和车满的显示与管理有两种方式，一种是显示和管理整个停车场车位情况，另一种是分区显示和管理停车场的车位情况。后者的设计与设置要比前者复杂。

计时收费管理包括无人守候系统、有人看守系统、窗口自理系统、卡票自理系统、专用车牌停车系统。收费或验证票据是通过专用设备实现的，主要方式有投硬币、刷卡。

车场管理系统通常包括的主要设备有自动识别装置、收银机、泊位调度控制器、出口票据验读器、电动栏杆等。

为便于对停车场的有效管理，一般还设有停车场管理中心。管理中心的主要设备是计算机和打印机等外围设备，并配有专门的停车场管理软件。管理中心可以在线监测停车场内的所有车位、自动统计并生成报表、定制收费标准、发放票据。停车场管理中心应该与消防系统和保安系统建立密切的联系。可以把停车场内车辆情况及时传送到消防控制中心，并可以随时接受消防控制中心的消防疏散命令，以便在发生火灾的情况下，统一疏散及进行交通管理。另外，停车场管理中心还要与保安闭路监控电视系统的车库摄像网联网，从而对库内的有关情况进行实时监视，以便及时处理意外事故。

第四节 图书馆新馆的装修

装饰装修是图书馆新馆建筑的最后一道工序，完成了这道工序，新馆就可以投入使用了。善始善终才算圆满，因此，对于装饰装修这个环节一定要认真对待。

一、图书馆装修的原则与要求

（一）装修风格的选定

图书馆本质上是一个文化场所，它的主要功能是读者在此进行学习和研究。因此，图书馆的整体装修风格一般应以简洁、明快、安静、大方、突出文化氛围为主调。与此相适应，光线要充足且柔和，色彩要冷调且阳光，家具要大方典雅，绿化要幽雅悦目，导示要清晰简洁等，从而营造出一个具有浓郁文化氛围的学习、研究环境。

同时，图书馆还是一个读者养心立志、休闲娱乐的地方。装修风格在满足简洁、明快、安静、大方、突出文化氛围主调的基础上，还要考虑养心立志、休闲娱乐因素的影响。挂图、摆设、饰品、雕塑等可以很好地营造出积极向上的休闲氛围。

在图书馆整体装修风格主调的基础上，针对不同功能区的不同需要，各个功能区的装修风格根据具体情况可以有所变化。比如，在不偏离整体装修风格主调的基础上，电子阅览室可以突出网络文化的风格，读者休闲区的咖啡座可以偏重轻松、浪漫的装修风格，少儿活动区的装修风格可以偏重欢快、活泼的风格。

图书馆新馆整体装修风格和局部装修风格的确定上，还要考虑当地历史、文化、人文、经济因素的影响。比如，不少图书馆与当地产业发展紧密结合，或者整个图书馆就是当地支柱产业的主题馆，或者在图书馆专门设置了支柱产业的专题阅览室等，在这种情况下，图书馆的整体或者局部装修风格不可避免地要反映出上述因素的影响。

(二) 装修标准与预算

装修标准有两层含义。一层含义就是我们通常理解的装修档次的高低，装修材料越高档，装修花钱越多，档次越高，标准也就越高；反之，装修材料越低档，装修花钱越少，档次越低，标准也就越低。另一层含义就是国家有关部门规定的装饰装修工程相关标准，达到或超过国家的相关标准就是符合标准或高标准，否则就是不符合标准。

图书馆新馆装修应以国家有关部门的法律、法规为标准，在花费上要避免奢华，避免过度装修，应以花费适中为宜。

新馆装饰装修包括抹灰工程、门窗工程、吊顶工程、轻质隔墙工程、饰面板(砖)工程、幕墙工程、涂饰工程、裱糊与软包工程、细部工程等，涉及的材料多种多样，价格档次各异，施工费用也有相当大的弹性空间。因此，装修之前一定要经过仔细认真的预算，在保证质量的前提下，尽量将成本降到最低。

装修预算应按照工程分别列出预算，每个工程的预算可以分解为材料预算、施工费用预算、其他费用预算。其中最容易产生变化的是材料预算，预算时一定要明确材料的品牌、产地、规格和价格。为防止选中的材料到时缺货，或由于时间紧张而不能从容、仔细地考察、比较，不得不仓促选择其他材料，导致质量难以保障、成本上升突破预算等问题，预算时每种材料应该提前选定2~3种备选材料。备选材料同样要明确其品牌、产地、规格和价格。

装修很容易突破预算，为了防止这种情况的出现，除了确定备选材料之外，还要仔细了解材料的详细行情，同时适当留有余量。

(三) 装修材料的选择

不同的材料，价格不同，质量和装修后的效果也不同。装饰装修阶段要特别注意对选料的把关，坚决防止伪劣材料进入新馆，以免留下隐患。

《建筑装饰装修工程质量验收规范》（GB50210—2018）对装饰装修工程所用材料的品种、规格和质量设计做出了详细而明确的规定，按照规定选择装修材料可以有效保证材料的质量。

(四) 装修质检

装修质检是检验装修工程质量是否合格的工序。《建筑装饰装修工程质量验收规范》和《建筑工程施工质量验收统一标准》是进行装修质检的法律依据。

质检时要对照《建筑装饰装修工程质量验收规范》和《建筑工程施工质量验收统一标准》分别对抹灰工程、门窗工程、吊顶工程、轻质隔墙工程、饰面板（砖）工程、幕墙工程、涂饰工程、裱糊与软包工程、细部工程、分部工程质量进行检验，不能遗漏。

质检的方法有观察、手摸检查、尺量检查、手扳检查、用小锤轻击检查、检查隐蔽工程验收记录、开启和关闭检查、用弹簧秤检查、启动机械装置、启动自动装置或智能化装置、检查样板件黏结强度检测报告、检查产品合格证书、检查进场验收记录、检查性能检测报告、检查复验报告、仪器检测等，要根据不同工程的不同质检项目选择合适的方法。

《建筑装饰装修工程质量验收规范》对不同工程项目的检验数量、批次也分别做出了规定，质检时要严格按照规定进行检查。

要特别注意各种装饰装修材料释放出的有害物质是否符合有关规定，如果发现有害物质超标，一定要彻底解决，不能姑息。

质检之后要预留一定的空置期。由于种种原因，许多图书馆工期紧张，装饰装修完毕后，立即搬迁投入使用，这种做法值得商榷。在新馆装饰装修完成后，应该预留出一定的空置期，一般以一到两个月为宜。这样新馆可以得到充分的通风换气，降低有害物质的浓度，以确保读者和工作人员的身体健康。

二、图书馆采光

(一) 各区域照明标准要求

《图书馆建筑设计规范》对于图书馆的采光标准做了明确的要求。

(二) 阅览室采光方式及注意事项

第一，阅览室白天照明充分采用自然光，在自然光不能满足视觉需要的情况下，启用人工辅助照明。

第二，阅览室的自然采光方式包括：①双侧采光：一般用于南北间跨度较大的房间，照度分布均匀；②双侧高低采光：一侧高窗、一侧低窗采光，用于中等跨度房间，照度分布均匀靠高窗一边可安置书架；③混合采光：在跨度较大的单层房间屋顶中部设置侧向天窗，使照度均匀；④混合采光：在跨度较大的单层房间屋顶上部开采光口，补助单侧窗采光不足；⑤天窗采光：用于单层房间，效率高，照度分布均匀，不靠墙；⑥单侧采光：用于跨度较小的房间，但要注意通风。

第三，注意防止眩光。在人的视觉范围内有很高的亮度或者强烈的亮度对比时就会造成眼睛不适，视觉降低，这就是眩光。阅览室大面积侧窗容易造成间接眩光，要注意避免。

第四，选择合适的窗体以及辅助材料，对自然照明进行适当的调节。例如：铝箔板和镜子反光强，能使房间亮度增强；金属百叶窗可以根据需要任意调节自然光线在室内的明暗程度。

(三) 自然光的科学合理利用

现代技术的发展使得人工照明在建筑物的采光照明中日益重要，设计得体的人工照明不仅可以达到弥补自然光线的不足，还可以营造出自然光线所不具备的特殊照明效果，从而达到美化室内外环境的目的。可以说，人工照明在建筑物照明中所起的作用越来越大。

即便如此,由于生态、环保、人本等观念日渐深入人心,对自然光的利用更加引起图书馆建设者的重视。自然光经济而又没有污染,是图书馆解决采光问题的首选。所以在新馆设计伊始,就要确立合理利用自然光的方针来解决采光问题。

白天照明应该充分采用自然光。图书馆各类用房采用自然光要满足关于天然光照度和采光系数的规定,如果这两个条件有一个达不到,上述区域在白天也要以人工照明辅助,才能满足读者视觉需要。

自然采光系数指的是采光口的有效采光面积与室内面积的比例。自然采光系数越大,室内的采光效果就越好,光线越充足。自然照度系数指的是同一时间内,同一水平面上,室内散射光的平均照度与室外无遮光物的地方散射光照度的百分比。自然采光系数与自然照度系数的大小,都受自然采光的投射角与开角大小的影响。投射角是指室内需要采光的物体(采光点)中心到窗户上缘的连线与采光点水平延线所形成的夹角,投射角不能小于 30 度。窗户越高、室内宽度越小,投射角就越大。开角是指采光点中心到窗外遮光物顶端的连线与室内采光点到窗户上缘连线的夹角。开角越大,说明办公室、阅览室离对面遮光物的距离越远,直接照到采光点的光线也就越多,自然采光效果也就越好。因此,自然采光系数与自然照度系数也就越大。

三、馆舍色彩

馆舍色彩配比是根据馆舍不同区域的功能、用途以及色彩与各种感觉之间的关系进行色彩的设计和运用,以营造出令人舒适的学习、工作环境。因此,馆舍色彩配比对于营造图书馆的馆内氛围,调节读者心理感觉有很大的作用。

(一)图书馆装饰装修色彩配比原则与要求

人们看到不同的色彩后,心理上会产生出冷暖、轻重、积极或消极等不同类型的感觉变化,根据这些感觉变化,人们将各种各样的颜色区分为冷暖色、轻重色、积极色与消极色、膨胀色与收缩色、华丽色与朴素色、柔和色与坚硬色、味道色、气味色、警觉色等。

1. 冷暖色

冷色是指蓝、绿、蓝绿等色彩。暖色是指红、橙、黄、红橙、黄橙等色彩。

2. 轻重色

白色、黄色等高明度色彩，属于轻色。黑色或低明度色彩较重，明度相同的颜色，彩度高的看起来较轻，彩度低的则较重。

3. 积极色与消极色

红、橙、黄等颜色能刺激人们的积极性，使人们兴奋，属于积极色。而青、青绿、青紫等颜色使人沉静、消极，属于消极色。

4. 膨胀色与收缩色

明度高的色彩给人以膨胀感，明度低的色彩给人以收缩感。色彩的膨胀感与收缩感可以使空间看起来扩大或缩小。

5. 华丽色与朴素色

彩度高的色彩，容易给人以鲜艳、华丽的感觉。彩度低的色彩，容易给人以朴素的稳重感。华丽的色彩和朴素的色彩，分别会使人产生"增力情绪"和"减力情绪"。

6. 柔和色与坚硬色

在无彩色中，黑色与白色给人较硬的感觉，而灰色则较柔。在所有彩色中，暖色系较柔，寒色系较硬；在中性系的彩色中，绿色与紫色使人感到特别柔和。

7. 味道色

白色容易使人联想到砂糖的甜味和盐的咸味，黑色、黄色、红色容易使人联想到甜味；绿色、青绿和青色容易使人联想到酸味；褐色、灰色容易使人联想到苦味；白色、青色、褐色容易使人联想到咸味。

8. 气味色

粉红色使人联想到天芥菜属的植物，黄色使人联想到柠檬的酸味等等。

9. 警觉色

红色、黄色能够引起人们注意，提高人们的警觉。

馆舍色彩配比首先要解决的是图书馆外部环境的色彩配比问题。影响图书馆外观色彩的因素有外观建筑材料、周围环境因素等。图书馆的外观色彩要与周围环境的色彩和谐统一，一般多采用对人的视觉不会形成强烈刺激的中性色作为图书馆外观色彩的主色调。

馆舍内部配色属于室内配色。室内配色的一般原则是：几种色彩组合使用，可分成主色、辅色、背景色和强调色。地面和天花板多采用比较沉稳的色彩，地面色彩要考虑与其他部分尤其是家具色彩的搭配。墙壁色彩属于背景色，常用中明度或浅色。踢脚线和天花板角线附属于墙面、天花板或地面色彩。门窗的颜色多采用中性的背景色。窗帘多采用朴素的中性色。较大空间的家具宜采用明度较高的膨胀色彩，较小空间的家具可采用明度较小的收缩色彩。陈设和饰品采用对比色或比较鲜艳的色彩。

(二) 各功能区域色彩配比要求与注意事项

根据前面的原则，馆内不同区域的色彩配比根据具体情况灵活调整决定。馆员工作区可以采用明快的暖色调，可以提高效率，减轻疲劳。读者活动区的天花板和墙壁的上半部一般以白色等浅色为主色调，墙壁下半部采取淡色冷色调或淡色暖色调，地面采用沉稳的色调，但要与墙壁有所区分。读者休闲区可以采用让人感觉柔和、放松的色彩。书库的色彩可以采用收缩色从而起到"扩大"空间的效果。疏散撤离区的紧急出口、消防设施标志应采用红色等警觉色等。

在家具的色彩调配上也是很有讲究的，调配得当，可以得到意想不到的效果。山东交通学院图书馆"在家具的配置上，追求整齐划一的统一美时，兼顾统一之外的变化美，既避免了前者的单调，又摒弃了后者的杂乱，从而成功地塑造了整体中的变化和局部中的统一之完美合一。图书馆的二层是科技类图书，在家具的选择上就采用了时尚前卫的银灰色，彰显了具有现代气息的科技之光。三层是社科类图书，选用了凝聚中国古典色调的家具。置身于如此特色鲜明、风格迥异的阅读环境中，读者既不用担心走错楼层和阅览室，还能够避免因环境单调所造成的心理上的疲劳和烦闷。"

四、馆舍绿化

馆舍绿化包括馆内绿化和室外绿化两个方面。馆舍绿化可以美化环境、缓减读者疲劳，还可以调节馆内温度、湿度，减少噪声，净化空气。因而，馆舍绿化越来越受到人们的重视。例如，山东交通学院图书馆"在室内种养了各种易存活、少虫害且赏心悦目的花草，既净化了空气，又美化了环境，更愉悦了读者和图书馆的工作人员。"

（一）图书馆绿化的一般原则与注意事项

图书馆的绿化要根据不同区域的功能、空间结构、采光、室温、空气湿度以及花卉本身的生理特点进行合理的布置，才能达到预期的效果。绿化总的原则包括这样几个方面。

1. 整体和谐，构图合理

构图是将不同形状、色泽的物体按照美学的观念组成一个和谐的景观。构图是装饰工作的关键所在，因此，绿化布置时要注意布置均衡和比例适度，从而实现整体和谐、构图合理的目的。布置均衡包括对称均衡和不对称均衡两种形式。我们比较习惯对称均衡，如在门厅两边、会议室两侧等摆上同样品种和同一规格的花卉，显得规则整齐、庄重严肃。而不对称均衡绿化布置得轻松活泼，富于雅趣。比例适度指的是植物的形态、规格等要与所摆设的场所大小、位置相配套。

2. 色彩协调、形式和谐

馆舍绿化植物的布置要注意与其周围环境的光线、色彩搭配协调。例如，当背景底色为淡色调或亮色调，可以分别布置以叶色深沉的观叶植物或颜色艳丽的花卉，从而突出布置的立体感。陈设的花卉还要与家具色彩相互衬托，如清新淡雅的花卉摆在底色较深的柜台、案头上，可以提高花卉色彩的明亮度，使人精神振奋。

进行馆舍绿化时，根据各种植物的各自姿色形态，选择合适的摆设形式和位置，并注意与其他物品的协调搭配，尽量做到和谐相宜。

3. 选择易存活、少虫害的植物

《图书馆建筑设计规范》规定："图书馆的绿化应选择不滋生、引诱害虫及生长飞扬物的植物。"同时，绿化植物需要人工照料，绿化时要尽量选择那些容易存活的植物，比如仙人掌等。

(二) 图书馆绿化植物的选择与布局方式

观叶植物、观花植物、仙人掌科植物、蕨类植物是图书馆室内绿化多采用的几种植物。

观叶植物品种繁多，形态多变，四季常青，珍贵奇特，干净易养，而且具有较强的耐阴特性，是室内绿化的首选植物。像吊兰、橡皮树、龟背竹等观叶植物，不仅具备上述特点，更有净化空气的功能。例如吊兰，对于一氧化碳、甲醛等有害气体具有很强的吸收作用。

观花植物品种繁多，色彩绚烂，清香四溢，备受人们青睐。像茉莉、月季等可以释放出挥发性的香精油和负离子，使室内空气清新宜人。观花植物的观赏价值在其开花的阶段最大，其他阶段的观赏价值就相对小一些。因此，观花植物在室内绿化中比观叶植物用得要少些。

仙人掌科植物具有很强的耐干旱、高温的特性，少病虫害，不需要经常施肥、浇水，而且具有净化空气、减少污染的功能。仙人掌科植物可以帮助人们降低血压、稳定情绪，对人类健康有很多好处，因此越来越为人们所重视。

蕨类植物具有耐阴、抗病虫害等特点，形态潇洒多变，色泽清新宜人，四季常青，是室内绿化不可多得的好材料。

室内绿化布局方式有很多，常见的有点式、散点式、线式、面式、屏风式、悬挂式、丛林式、壁画式、中庭花园式、半室内绿化10种，每种布局方式具体情况如下：

点式：一种最简单也用得最多的形式。在桌面、窗台、茶几、橱顶均可布置。

散点式：在室内一处或数处随意零星放置数盆植物。

线式：在窗台、阳台、楼梯、扶手、栏杆或厅室中部的花槽内成行排列花木，呈方形、回纹形、S形等多种形式，借以划定范围、组织室内空间。运用得当可以取得美好的效果。

面式：在室内一角或中央成片布置数盆植物，形成室内花坛或低矮美丽的花台。

屏风式：以多层花架式直立型植物为主，垂直配置成绿色屏风，常用于分隔空间或障景。

悬挂式：在墙面、支柱、台口或顶棚上悬挂吊兰、蕨类或藤本植物，极易取得良好的点缀效果。当阳光直射时，富有情趣。

丛林式：在较大的空间内设置较大的树木，其下部配以低矮灌木、花草，成高、中、低多层配置，形成丛林景象。

壁画式：用植物与墙面上的壁雕、灯悬、玩具等构成一幅构图完整且具有某种意境的壁画。

中庭花园式：当室内空间较大，可用植物、山石、水池、小品构成可观、可游、可休息的庭园，还可配上茶椅等设施。但此类中庭必须有良好的采光通风条件。

半室内绿化：在阳台或前庭走廊等处设置花架式棚架，构成花园框架。在园边布置植物，形成露天花园。这样，阳光充足，冬暖夏凉，有利于植物生长、养护，造价也较低，易取得事半功倍的绿化效果。

(三) 图书馆各区域绿化

门厅绿化时应选择花色明度高的暖色花卉植物，给人以热烈欢迎的感受。要根据门厅空间形式大小、花卉的色彩与门厅本身及其周围的色彩对比、门厅里有无镜子、家具等具体陈设进行绿化布置。门厅绿化布置要方便读者和工作人员通行、不能影响行人的视线和日常清洁工作。

咨询台等工作人员与读者接触、交流的工作台面可点缀玫瑰花、菊花、剑兰等鲜花瓶插，色彩以暖色为主，向读者传送热情服务的感觉。

阅览区可以考虑在适当位置放置一些文竹、五针松、凤尾竹，或悬挂几盆吊兰等以显示高雅文静，有利于读者集中思想阅读思考，减轻疲劳感。

读者休闲区可以选择一些色调偏冷一些的植物，布局上形成休闲、随意的风格，以利读者休闲。

如果图书馆中部设有较大的共享空间，可以根据情况按照中庭花园式进行绿化布局，使之成为读者休闲放松的地方。

（四）图书馆室外绿化

图书馆室外绿化设计时首先应确定图书馆建筑与绿化的主从关系，进而确定绿化的布局。如果图书馆建筑物为主角，绿化则起到点缀、衬托的作用。如果图书馆选址在环境优美的园林之中，建筑物就成为点缀。

绿化布局一般采用点（花坛）、面（集中绿化地）、线（行道树、防护林）相结合的方法进行。具体实施时，点要幽静，面要宽敞开阔，线要整齐。将高低不同、树冠大小不同、形态不同的树木进行搭配，并在建筑物周围再配上富于象征的雕塑，加上草坪假山、喷泉流水，会大大丰富空间和层次的变化，视觉效果更好。

绿化色调以绿色为主基调，可以配置一些灌木花卉小品，用鲜花点缀绿色，使读者在室内紧张的学习间隙中，从室外获得多姿多彩的色调，起到消除疲劳的效果。因此，栽植绿化时要考虑到不同植物不同季节的开花时间与颜色，让植物及其色彩在四季中经常变化。

馆外绿化的植物包括树木、花卉和草。常见的树木有松树、柏树、竹子、榕树、云杉、白杨树、紫荆树等。花卉有云南黄素馨、三角梅、天冬、沿阶草、荷花、睡莲等。

绿化植物的管理与栽培要遵照园艺管理的方法进行。如保证通风采光的条件，注重浇水施肥，修整与防病虫害等。图书馆室外绿化要注意管理与使用相结合，确保植物能良好生长，达到绿化、美化环境的功能和效果。

五、地面装修

（一）图书馆地面装修的原则与要求

图书馆地面装修主要就是选择、铺设合适的地板。地面装修过程中要注意以下问题：

第一，铺设瓷砖要注意留缝，瓷砖留缝除了为了处理规格不整齐的问题，更主要是为热胀冷缩预留空间。除了复古砖需要留有 5~10mm 的较大缝隙外，其他瓷砖的留缝一般以 3~10mm 为好。

第二，铺设大地砖和石材要注意地面与地砖或石材之间不要留有空气。地面与地砖或石材之间如果留有空气，地砖和石材日后会产生松动。

第三，铺设复合地板要注意避免整体起拱的问题。复合地板中部没有固定点，大面积铺设会出现整体起拱问题。铺设复合地板时，应适当地设置分区，中间用铝/铜条间隔，以缓和热胀冷缩的影响。

第四，选择地砖时，尽量少选择太滑的抛光砖和玻化砖，在少儿读者活动、残疾人读者活动、洗手间等区域尤其要注意，以避免人员滑倒造成事故。

第五，地砖的颜色应该选择浅颜色的，这样可以给读者一种温馨、安静的感觉，并且还有扩张地面面积的效果。

（二）地面装修材料的选择

地板种类很多，按照材质来说，可以划分为木地板、石材地板、陶瓷地板、塑料地板、马赛克地板和橡胶地板（PVC 地板）。

木地板又包括实木地板、复合地板、竹木地板和软木地板四类。其中，实木地面板主要包括镶嵌地板、榫接（企口地面板、集成材地面板、指接地面板）、平接木地面板和竖木地面板。复合地板包括实木复合地板和强化地板两大类。实木复合地板包括三层实木复合地板、多层实木复合地板、细木工复合地板。强化地板是以中、高密度纤维板为基材的强化、以刨花板为基材的地板。

石材地板是由天然岩石经过加工制作而成的地板材料。按照石材的材料可以分为大理石地板、花岗岩地板。除了自然石材地板外，还有人造石材地板。人造石材地板根据黏接剂的不同，可以分为水泥型人造大理石、树脂型人造大理石和复合型人造大理石。另外，石材地板还包括水磨石地板和石塑防滑地板。

陶瓷地板按照材质可以分为陶制地板和通体地板。根据表面处理方式陶瓷地板又可以分为有釉陶瓷地板和无釉陶瓷地板。无釉陶瓷地板中又包括平面、麻面、磨光面、抛光面等品种。从表面表现效果上陶瓷地砖可分为单色、纹理、仿石衬、仿木材、拼花等多种样式。从功能上陶瓷地砖还能划分出防滑、耐磨等功能性地砖。通体砖具有耐高温、耐严寒、耐撞、耐刮、耐磨的特点。

塑料地板与马赛克一般多用于居家或厨房地面装修，图书馆地面装修很少选用这两类地板。

橡胶地板具有耐磨、保暖、柔和、有韧性、易于清洁和静音等特点，而且具有多种颜色，光滑平整的表面特别适合儿童活动区域铺设。橡胶地板具有耐污、防水、抗蚀等优点，缺点是耐磨性能比较差。

地毯也是地面装饰装修经常用到的一种材料，按照材质地毯可分为纯毛地毯、混纺地毯、化纤地毯和塑料地毯。按照不同使用场所的性质不同，地毯又可划分为轻度家用级、中度家用级或轻度专业使用级、一般家用或中度专业使用级、重度家用或一般专业使用级、重度专业使用级、豪华级六个级别。级别不同，地毯的价格也不同。地毯清理、维护比较麻烦。一般在高档会议室使用地毯。

图书馆地板的选择要综合考虑成本、区域、功能、墙壁、天花板与家具的色彩等因素，选择最为合适的地板材质及其色彩。

图书馆多数区域一般采用人造石材地板。档次比较高的会议室和报告厅可以考虑选择合适的木地板。对静电要求比较严格的重要机房可以选择防静电地板。一般的计算机阅览室则没有必要选择防静电地板。洗手间则应该选择防滑的陶瓷地板。

六、图书馆家具的选购与配置

使用家具是图书馆正常运营必不可少的组成部分，图书馆家具种类很多。根据家具材料不同，可以分为木质家具、金属家具、塑料家具、竹藤家具、玻璃家具等。根据家具功能的不同，可以分为组合式资料文件柜、图纸柜、打字桌、绘图桌、资料箱、资料盒、书架、微机软盘盒架、藏书柜、杂志刊物架、立式写字桌等。

（一）选购配置家具的原则和注意事项

1. 要注重实用性

使用家具的目的是有效地发挥图书馆各项服务功能，实用功能是家具的第一功能，装饰功能是家具的第二功能。在选购与配置家具时，切不可片面追求装饰功能而忽视实用功能。

2. 注重标准化

图书馆一般是按照模数原则修建的，书库、书架、桌椅等家具首先也须符合一定模数，这样可以有效利用空间，避免浪费。同时，还要注意标准规格的图书馆家具，以便将来补充、维修。

3. 人本原则

首先要选择那些按照人体工程学原理设计生产的家具，它们使用起来舒适不致疲劳。其次，要选择那些符合环保原则的家具，家具释放的有害物质不能高于有关规定。家具的颜色要注意与其所在环境的协调。再次，家具的选择还要注意考虑无障碍原则，以适宜老年人、儿童和残疾读者的使用。

4. 经济原则

选购配置家具时应特别注意要本着经济原则，尽量降低家具的采购成本，做到经济实用。切不可为了追求奢华，而花费太多。

（二）有关图书馆专用家具标准

国家技术监督局发布了5个与图书馆专用家具相关的标准：《图书用品设备产品型号编制方法》《图书用品设备木制目录柜技术条件》《图书用品设备阅览桌椅技术条件》《图书用品设备木制书柜、图纸柜、资料柜技术条件》《图书用品设备木制书架、期刊架技术条件》。

（三）不同区域家具配置的数量与功能要求

图书馆不同区域由于其功能不同，所配置的家具的数量与功能要求也有所不同。这里重点介绍文献储藏区、阅览室的家具配置要求。

1. 文献储藏区

图书馆的文献储藏区分为基本书库、特藏书库、密集书库和阅览室藏书四种形式。

2. 阅览室

《图书馆建筑设计规范》规定，阅览区应根据工作需要在入口附近设管理（出纳）台和工作台，并宜设复印机、计算机终端等信息服务、管理和处理的设备位置。工作间使用面积不宜小于 $10m^2$，并宜和管理（出纳）台相连通。

七、不同功能区的装饰装修

（一）读者借阅区的装饰装修

读者借阅区是读者在图书馆的主要活动场所，读者借阅区的装饰装修要注意以下几个方面的问题：

1. 采光问题

读者借阅区白天的采光要充分利用自然光，使阅览区域光线充足、照度均匀，防止阳光直晒。东西向开窗时，要采取有效的遮阳措施。

2. 色彩问题

读者借阅区色彩要清新淡雅，天花板、墙壁、地板可以采用浅黄、淡绿或者乳白等色彩，书架可以采用浅灰色、白色等色彩，阅览桌椅可以采用茶色等色彩，通过四种颜色的协调搭配，为读者营造一个舒适的色彩空间。

3. 空气问题

大开间的开架借阅区读者人数多、流量大，保持借阅区空气的清新非常重要。读者借阅区要有良好的通风条件,采用自然通风和机械送风相结合的通风方式。对于主要靠空调来调节空气和室温的区域,不要把外窗全部设计成固定式,应该有可开启扇等。总之,要在读者满员的情况下仍然能够保证良好的室内空气品质。

4. 空间问题

读者借阅区的空间由藏书空间、检索空间、咨询空间、借阅空间、阅览空间、服务空间、交通空间等组成。读者借阅区的装饰装修要对其组成部分进行有效组合,从而形成一个灵活、高效、合理和扩展性较强的空间结构。要注意以下发展趋势对于借阅空间布局发展的影响:检索空间、咨询空间将逐步成为读者空间的中心空间;电脑阅览桌作为单位阅览室空间的重要构成细胞,对读者借阅空间影响很大;等等。

5. 服务设备问题

读者借阅区应在适当位置布置计算机、复印机、打印机、扫描仪、数码相机、装订机等服务设备,以便为读者提供服务。

6. 工作间问题

工作间使用面积一般不宜小于$10m^2$,并应该和出纳台相连通。

(二) 电子区的装饰装修

电子区包括机房、电子阅览室、工作间等区域。

1. 电子区的装饰装修

首先是对不同的区域进行有效的区划。机房存放了大量的服务器、存储设备、网络连接设备等,运行起来以后会产生很大的噪声,所以,机房应设置在距离电子阅览室或其他读者、工作人员活动区域较远而且隔音效果较好的地方为宜,以减少噪声对读者的干扰。电子阅览室要求安静、宽敞、明亮,可以选择在大开间区域。工作间应设置在便于对机房和电子阅览室进行维护管理的区域。

2. 电子区的室内温度、湿度和空气含尘浓度

要满足国家标准《电子计算机机房设计规范》和《图书馆建筑设计规范》

以及其他有关规定。

电子阅览室和工作区的室内温度、湿度应符合《图书馆建筑设计规范》的要求。电子阅览室冬季设置采暖或空气调节系统时室内温度以18℃为宜，工作间的室内温度以16~18℃为宜；电子阅览室和工作间的夏季和冬季的相对湿度分别以40%~65%和40%~60%为宜。

3. 电子区的噪声、电磁干扰、振动及静电

应符合国家标准《电子计算机机房设计规范》《图书馆建筑设计规范》以及其他有关规定。

机房内的噪声，在计算机系统停机条件下，于主操作员位置处测量应小于68dB（A）。机房内无线电干扰场强，在频率为0.15~1 000MHz时，不应大于126dB（A）。机房内磁场干扰环境场强不应大于800A/m。在计算机系统停机条件下，机房地板表面垂直及水平方向的振动加速度值不应大于$500mm/s^2$。机房地面及工作台面的静电泄漏电阻，应符合现行国家标准《计算机机房用活动地板技术条件》的规定。机房内绝缘体的静电电位不应大于1kV。

电子阅览室和工作间的噪声不应大于50dB（A），电磁干扰、振动以及静电应符合国家对于民用建筑标准的有关规定。

4. 电子区室内装修材料

应选用气密性好、不起尘、易清洁，并在温、湿度变化作用下变形小的材料。

墙壁和顶棚表面应平整，减少积灰面，并应避免眩光。机房、电子阅览室应铺设活动地板。活动地板应符合现行国家标准《计算机机房用活动地板技术条件》的要求。铺设高度应按实际需要确定，宜为200~350mm。活动地板下的地面和四壁装饰，可采用水泥砂浆抹灰。地面材料应平整、耐磨。当活动地板下的空间为静压箱时，四壁及地面均应选用不起尘、不易积灰、易于清洁的饰面材料。

吊顶宜选用不起尘的吸声材料，如吊顶以上空间作为铺设管线用时，其四壁应抹灰，楼板底面应清理干净；当吊顶以上空间为静压箱时，则顶部和四壁均应

抹灰，并刷不易脱落的涂料，其管道的饰面，亦应选用不起尘的材料。

内门、观察窗、管线穿墙等的接缝处，均应采取密封措施。机房和工作间设有外窗时，宜采用双层金属密闭窗，并避免阳光的直射。当采用铝合金窗时，可采用单层密闭窗，但玻璃应为中空玻璃。

当电子区内设有用水设备时，应采取能有效防止给排水漫溢和渗漏的措施。

(三) 休闲区的装饰装修

休闲区是读者休息、休闲、娱乐、方便的区域，包括休息区域、咖啡区域、休闲阅览区、洗手间等区域。

休闲区装饰装修的格调应该以高雅、轻松、舒适、悠闲、明快为好。装饰装修时要紧紧围绕这个基调组织和利用休闲区内的各种要素，充分运用光线、色彩、家具、书刊、网络等要素营造出一个让读者能够舒缓身心、缓解疲劳的环境。

将休闲区设置在一些视野开阔、凭窗远眺的区域是非常好的选择。读者在读书、学习之余，来到休闲区极目远望，该是何等的舒心和惬意！因此，充分利用走廊、过道、临街的区域进行有效的布置，安排一些舒适的沙发、座椅、茶几，并摆放、点缀一些花草，是营造休闲区域的一个不错的方法。

咖啡区域的装饰装修要注意避免庸俗化的倾向。图书馆本质上是一个文化机构，即使是休闲也不能脱离这一本质。咖啡区域的室内光线不宜太昏暗，气氛不宜太过慵懒甚至给人以颓废的感觉。这样，图书馆的咖啡区域才能区别于其他只为娱乐消遣的咖啡馆。

休闲区可以方便地进行有线上网和无线上网。计算机和互联网不仅仅是工作或学习的工具，也是娱乐和休闲的道具。在休闲区听听网上音乐、和朋友聊聊天、看看网络电影等是不少年轻读者喜欢的休闲娱乐方式。因此，在一些桌椅下面、墙壁上面等处合理配置一些有线网络接口，并辅以无线网络，可大大方便读者。

休闲区背景音乐的配置。背景音乐可以起到烘托气氛、净化心灵、安神养气的作用。轻松、明快的音乐有助于焕发精神、消除疲劳，旋律优美的音乐可以愉悦心情、安定情绪，节奏缓慢、优雅的音乐具有镇静、减压的作用。因此，背景音乐可以选择一些高雅、轻松、舒缓、明快的歌曲或乐曲。背景音乐音量不能太大，否则会适得其反，可能成为扰人的噪声。

（四）少儿借阅活动区的装饰装修

少儿借阅活动区是图书馆为少年儿童读者提供服务的区域，针对少年儿童的年龄特点，少儿借阅活动区的装饰装修应该注意以下几个方面的问题。

1. 少儿借阅活动区的色彩可相对鲜亮活泼一些

色彩缤纷、具有童趣的房间非常受小朋友的欢迎。同时，色彩鲜亮可以训练少儿的色彩敏感度，并且有助于培养他们积极向上的品格。

2. 在少儿活动区域设置一块涂鸦墙或黑板

有条件的图书馆可以考虑在少儿活动区域设置一块涂鸦墙或黑板，供小朋友画画涂鸦。画画是少儿的天性，一块黑板或涂鸦墙可以为小朋友增加许多快乐。

3. 装饰装修材料要环保

少儿身体正处在生长发育阶段，对于有害物质比成年人更加敏感，也更容易受到损害。装饰装修材料一定要符合国家有关规定。

4. 地面装修要防滑

要采用防滑材料，以免少儿滑倒摔跤。如果采用地毯，要每天要对地毯进行吸尘，并要定期清洗。

5. 确保安全

少儿借阅区域要选用圆角、坚固、简单的家具，同时不要有大面积的玻璃或镜子。电源插座和开关要加保险盖，并尽量安置在少儿不易触到的地方，以免触电。

（五）专题馆（室）的装饰装修

不少图书馆都设有专题馆（室），用来展示本馆的特藏物品或城市的重要历史文化事件或人物资料。专题馆（室）的装饰装修应该注意以下问题。

1. 根据展示内容和物品确定专题馆（室）内部家具的种类和样式

专题馆（室）展示的物品一般包括图书、杂志、报纸、照片、衣物、标本以及其他物品等。不同的展示物品需要配备的家具是不同的，比如展板、展台、玻璃柜、屏幕、投影机等等。装饰装修时要根据展示的内容和展品的特点配以合适的家具。

2. 根据展示主题的发展变化划分合理的展区

通过对展示主题的研究分析，将其划分为若干个发展阶段或若干个展示主题，进而在专题馆（室）的内部布置上也相应划分成若干个展区，既便于材料组织，又能够突出重点。

3. 综合运用声音、影视、互联网等现代技术手段，全面展示主题

随着专题馆（室）的建立，专题资料的不断丰富和积累，资料的媒介不单纯只是纸质的了，而发展成为音频、声像、网络等多介质多媒体，因此，在展现手段上应与此相适应。

4. 注意展品的安全

有些专题馆（室）展品的历史价值、文化价值、经济价值都非常高，在装饰装修时一定要考虑到展品的安全，应采取严密的防范措施防火、防水、防盗。

（六）报告厅、会议室的装饰装修

图书馆既是群众进行终身学习的地方，也是城市的文化活动中心。报告厅、会议室是图书馆举办各种文化活动和会议的场所，直接体现了图书馆作为文化活动中心的作用。报告厅、会议室装饰装修得当，有助于图书馆文化功能的充分发挥和体现。

图书馆报告厅、会议室的配置一般包括：一个大型报告厅、会议室和若干个中小型会议室，要根据图书馆设计和规划确定不同会议室的装饰装修档次。

1. 室内采光

报告厅、会议室采光装修既要在自然光线充足、窗帘打开的情况下室内明亮

不昏暗，还要保证在自然光线不足、窗帘合上的情况下室内明亮不昏暗。报告厅、会议室采光一般容易出现的问题是白天光线充足的情况下室内亮度不够，给人昏暗的感觉。采光装修还要考虑投影机的使用，现在多数的会议都要使用投影机，使用投影机时屏幕附近光线要暗，这样影像才能与周围形成鲜明的视觉反差。在人工光源的设置、主席台附近窗户的装修上都要考虑到投影的问题。

2. 交混回响时间

交混回响时间是衡量建筑物声学特性的一个重要指标，交混回响时间的长短对于报告厅、会议室的音响效果影响很大，交混回响时间太长听起来使人有"混浊"不清的感觉；交混回响时间太短听起来使人感觉响度不够。大型报告厅、会议室的交混回响时间通常在 0.2~0.6 秒之间。由于不同的建筑材料对声音的反射和吸收性能不同，因此利用不同的建筑材料特别是地面装饰材料可以有效地调节会议室的交混回响时间。大理石、瓷砖和玻璃等材料有助于延长交混回响时间，地毯、天鹅绒等材料有助于缩短交混回响时间。

3. 报告厅、会议室设备

报告厅、会议室的设备包括电源、电话、语音设备、采光设备、投影设备、书写设备、计算机设备、有线电视、消防设备等。在布线时一定要考虑周全，不能有遗漏。不少的会议室装修时由于考虑不周，忘记布置网线、电话线或有线电视线路，结果，这些线路就成为明线裸露在地板、桌面上，严重影响美观。

4. 紧急出口

容量在 200 人以上的大型报告厅、会议室在装饰装修时应特别注意不能影响紧急出口的使用。紧急出口的标志要明显，通向紧急出口的通道要畅通，紧急出口不能关闭或锁上等等。

（七）洗手间的装修

在洗手间的定位上不能将其单纯地看作是一个解决大小便问题的厕所，而应将其作为反映图书馆管理水平和形象的一个重要标志来考虑。因此，洗手间的装修是颇费思量的。

1. 贯彻男女平等的精神

过去，由于受男尊女卑陈旧思想的影响以及社会发展水平的局限，女性走向社会的比例比较低，因此在厕所设计、装修中一般多采取"男多女少"的厕所分配方式。不少公共场所男女分设的公共厕所，大多数女厕只占厕所百分之三十到四十的空间，这是很不合理的。根据女性的生理特点，女厕的蹲位数量应该比男厕多，而且女性需要比男性在洗手间停留的时间更长。同时，随着社会的发展，越来越多的女性走向社会。因此，女洗手间的空间应该比男洗手间的空间大一些，才更加合理。这不仅是从实际出发，符合科学精神，同时彰显了男女平等的人文精神。

2. 处处体现人文关怀

洗手间是图书馆精神文明建设的缩影，要在这个人人都离不开的地方体现出图书馆的人文关怀。安装方便残疾人使用的洗手间和残疾人厕位。多数大便器都采用蹲式的，考虑到老年人和其他体能较弱的读者，应当安装少量的坐便器。少儿读者身高比成年人低得多，应设置一些较低的小便斗和洗手盆。洗手间的装修还应考虑携带婴幼儿的读者，比如可以设置方便更换婴儿尿布的安全台和用皮带固定的幼儿座位。在洗手间里还应布置或安装一些方便搁置随身携带物品的挂衣钩、放包架或放包台等。

3. 空间不宜太狭小

洗手间一般由两部分组成，里间是厕所，外间是洗手、清洁的地方，外间一般应配上镜子。个别的图书馆由于对洗手间问题考虑不周，洗手间空间狭小，除了方便的地方之外，没有洗手、清洁的地方。读者只能在冲洗拖把的水池上洗手，很不方便。

4. 采用自动感应供水或脚踏控制供水方式

洗手盆、大便器、小便斗最好采用自动感应供水或者脚踏控制供水方式，既卫生方便，又能节约用水。采用脚踏控制供水方式时，脚踏控制开关一定要设置在脚容易够着的地方。有个别洗手间的大便器脚踏控制供水开关设置在了供水管道的根部，要踩住这个开关，先得转身然后再跨一大步才能够得着，这种情形令许多使用者感到不便，洗手间的卫生状况自然也就不容乐观了。

5. 注意保护隐私

视线遮挡要特别注意，尤其是男厕所内的小便斗不能暴露在门外人的视线之内。

6. 注意通风

洗手间的异味是最令人头疼和反感的，保持良好的通风和换气是解决异味问题的有效办法，同时也是预防传染病的基本要求。没设对室外窗口的洗手间应安装机械通风换气装置。

7. 注意装修质量

洗手间装修最容易出现的质量问题是跑冒滴漏，造成这一问题的原因主要有材质不过关、设施质量低下或施工不到位。只有各个环节严把质量关，才可以有效避免跑冒滴漏。

（八）新馆馆舍周边环境的装饰与美化

1. 馆名的题写

文人名士、社会贤达与政府官员为亭台楼阁寺庙、书院题写匾额是我国由来已久的传统，为图书馆题写馆名的专家、学者和政府官员为数不少。

名人题写馆名既可以扩大图书馆的影响，又可以增加图书馆的文化底蕴，还可以为图书馆的发展争取支持。不过，被邀请题写馆名的人士应符合下列条件：第一要德高望重，深孚众望；第二要手书美观，功底深厚；第三要热心文化事业，与该馆最好有一定渊源。

邀请专家、学者和政府官员题写馆名，要尽量提前筹划运作，因为这些人士事务繁多，不易见到。其次还需要多准备几个候选名单，以备第一次邀请题写不成功时备用。

2. 馆前雕塑

图书馆如果占地面积较大，馆前广场宽裕，可以考虑在馆前设立雕塑作品，以增加图书馆的文化内涵。馆前雕塑的建设需要注意如下几个问题：

第一，馆前雕塑的立项。文化部、建设部发布的《城市雕塑建设管理办法》第七条规定："国家级重要地段、重大题材和重要政治、历史人物雕塑的立项，经省级城雕管理机构初审后报国家城雕委审核，由建设部批准；省级重要地段、重大题材和重要政治、历史人物雕塑的立项，报省级城雕管理机构审核，由省级建设厅（局、委）批准，并报国家城雕委备案；一般城雕项目的立项，报当地城雕管理机构审核，由建设主管部门批准。"

《城市雕塑建设管理办法》第十一条规定："申请立项材料包括雕塑题材、建设规模、经费预算、经费来源以及当地城市规划主管部门的选址意见，并按本办法第七条规定分级报批。"

第二，馆前雕塑的设计。馆前雕塑作品的创作设计必须由持有《城市雕塑创作设计资格证书》的雕塑家设计，为保证雕塑作品的设计质量，图书馆应该为设计人员准备本馆详细的历史资料以及图书馆的定位和办馆理念。根据《城市雕塑建设管理办法》第九条规定："国家级重要地段、重大题材和重要政治、历史人物雕塑的设计，经省级城雕管理机构初审后报国家城雕委审核，由文化部批准；省级重要地段、重大题材和重要政治、历史人物雕塑的设计，报省级城雕管理机构审核，由省级文化厅（局）批准；一般城市雕塑的设计，报当地城市雕塑管理机构审核，由文化主管部门批准。"

第三，馆前雕塑的施工。常见的雕塑材料包括木材、石材、金属、竹子、漆、泥、陶和其他材料，图书馆馆前雕塑一般选用石材或金属作为雕塑材料。雕塑作品施工的全过程，承担创作设计的雕塑家必须进行监督，以保证设计施工和工程质量。

八、新馆导示系统

导示系统是图书馆的导引、指示系统，使读者能够用最短的时间找到自己想要去的地方。导示系统是形象识别系统的一个组成部分，但又有其相对的独立性。

(一) 导示系统的布局原则和注意事项

新馆导示系统包括区域环境导示子系统、新馆整体导示子系统、各功能区导示子系统等子系统，其布局一般遵循下列原则：

1. 由远及近的原则

新馆导示系统的布置首先从新馆所在的区域做起，一般多在主要交通干道设置大型文化指示牌指示图书馆的位置，进而在馆前广场建立文化雕塑，然后在新馆大楼设置标识标牌，最后在各个楼层以及各个功能区设置导示系统，遵循的是由远及近的原则。

2. 从外到内的原则

从上述内容可以看出，新馆导示系统的布局线路走的是从户外到户内的线路，这是符合人们的认知规律的。

3. 从宏观到微观的原则

新馆导示系统的布局沿着户外环境导示子系统、新馆整体导示子系统、各功能区导示子系统逐步发展，体现了从宏观到微观的原则。各子系统内部的布局同样体现了这一原则。以新馆整体导示子系统为例，它又包括公共场所导示子系统、门厅导示子系统、楼层导示子系统、走廊导示子系统、报告前厅导示子系统、地下层导示子系统、电梯导示子系统等。

4. 相互关联的原则

新馆导示系统是一个网状的导引、指示系统，其中各个子系统和组成元素是应该相互关联的，当读者离开在一个导示元素的导示区域时，他马上可以看到下一个导示元素，从而方便地找到自己要去的地方。

(二) 导示系统的设计

1. 新馆导示系统的内容

新馆导示系统包括区域环境导示子系统、新馆整体导示子系统、各功能区导示子系统等子系统。涉及整体空间环境的规划设计、区域环境导示、新馆楼体外部环境装置风格规划、大厅和地下车库等装饰性雕塑设计、公共场所导示设计、楼层导示设计、走廊导示设计、门厅导示设计、报告前厅导示设计、底下层导示设计、电梯导示设计，以及其他各功能区的导示设计。

2. 新馆导示系统的设计依据

新馆导示系统是新馆形象识别系统的组成部分，因此，新馆形象识别系统的设计方案是新馆导示系统设计的重要依据。另外，国家颁布的有关设计标准和规范也是导示系统设计的重要依据。

3. 坚持以人为本的设计理念

新馆导示系统设计应该严格遵循公共信息图形符号有关的国家标准和国际标准，运用人体工程学、色彩学、材料结构学，制订出符合实际需要的导示系统，最大限度地体现标识系统的使用功能。

4. 突出新馆的文化特色

在导示系统中有机地融入文化要素，突出新馆的文化特色，使传统与现代有机契合。

5. 重视景观效果

导示系统是图书馆及其所在区域整体环境的有机组成部分，导示系统应该与周边环境融为一体，并使其成为一道独特的风景线。

（三）导示系统的制作、安装

导示系统设计完成，在定稿之前，首先要进行打样，以便提出修改意见，设计者根据修改意见对设计进行修改。同时，还需要确定制作导示系统所需要材料的品种、规格、质量以及制作工艺。修改后的设计稿、材质、工艺经过验证确定后，即可正式制作导示系统。

导示系统各个部分按照最终设计确定的确切数量进行制作。导示系统制作时一定注意保证质量，制作完成之后应该把胶片保存好，以便日后再行制作。

导示系统安装要按照最终设计确定的具体布置方案安装，安装要坚固、结实、不脱落。

第五节　图书馆新馆业务准备工作

新馆装饰装修工作完成之后，在投入使用之前，图书馆要进行系统的业务准备工作，主要包括：新馆规划办公室工作的开展、新馆的定位与规划、服务模式的建立、管理模式的建立、馆藏资源建设、人力资源建设、新馆形象识别系统的导入、新馆搬迁、新馆开馆筹备与开馆典礼等。

一、新馆规划办公室工作的开展

新馆规划办公室是负责组织实施新馆业务准备的领导机构。随着新馆建设各项工作的完成，图书馆内部领导新馆建设工程的新馆建设领导小组也完成了自己的任务和使命。图书馆的工作重心由新馆建设向新馆业务准备工作转移，新馆规划办公室就是在这样的条件下产生的。

新馆规划办公室应该提前成立，即在新馆装饰装修工程进入中期时就应成立。成员来自新馆建设领导小组，两个机构一套人马，在新馆装饰装修工程验收完毕之后，新馆建设领导小组建制取消，其成员正式转入新馆规划办公室建制中继续开展工作。

新馆规划办公室在馆长或实际主持工作的常务副馆长直接领导下开展工作，办公室主任根据情况可以由图书馆馆长办公室的主任担任，成员包括馆级领导、中层干部或者业务骨干。

新馆规划办公室将新馆业务准备的有关工作落实到人，每项工作安排两位同志，其中一位同志负责，另一位同志辅助。有关同志应该对自己所负责的工作进行系统的调研和思考，然后形成比较周密的文字草案，由新馆规划办公室组织审核并提出修改意见，负责同志经过修改后形成定稿，然后根据总体安排由馆里统一组织实施。

新馆业务准备阶段虽然离新馆正式投入使用只有一步之遥，却仍然有大量细致的工作要做，组织不好仍然会影响到新馆按期投入使用。因此，采取合适的时间进行管理的方式是比较可行的，可以有效地保证新馆的按期顺利开馆。

二、新馆的定位与规划

新馆定位与规划的目的是确立新馆的发展目标与功能定位、新馆功能布局的原则与分区规划、新馆运营规划及成本预算、旧馆的规划和使用等，从而有效地保证新馆的正常运行。新馆的定位与规划工作可以由新馆规划办公室完成。

第一，新馆的发展目标与功能定位。从形式上讲，图书馆应该是城市的标志性文化建筑。从内涵上讲，图书馆应该是居民终身学习的场所。图书馆新馆应该紧密围绕上述两个方面确立其发展目标和功能定位，因此，图书馆应该是提高公众生活质量和促进城市社会、经济、科技、教育发展的助推器。根据上述功能定位以及城市发展规划，进而确立图书馆的馆藏建设、服务工作、学术研究、制度建设、队伍建设、馆舍建设等各个方面的短期、中期、长期发展目标与规划，以指导图书馆的不断发展。

第二，功能布局的原则与分区规划。新馆建设立项伊始，图书馆就已经开始研究确立图书馆的功能布局与分区规划。随着新馆建设任务书的提出、建筑设计书的完成、土建与装饰装修工程的完工，新馆的总体功能布局与分区规划在建筑层面上已经基本上确定下来了。但随着新馆工程的不断进行，图书馆工作人员的认识也在不断深化，因此，对于新馆的功能布局与分区规划也会出现一定的调整。而依据模数原则建设的新馆，也允许对其进行局部的必要调整。在不破坏大的结构和总体布局的情况下认真调研，最终确立完善合理的功能布局与分区规划非常必要。

第三，新馆运营规划及成本预算。新馆的建设是图书馆发展的一个重要契机。多数图书馆建了新馆以后馆舍面积增加很多，馆藏数量、工作人员亦随之增加。这就必然带来运营成本的上升。因此，确定科学的新馆运营规划并进行成本预算非常重要。图书馆的运营费用大致由两部分组成：一部分是人员费用，由财政按照编制下发，这部分费用比较稳定，一般情况下不会缩减。一部分是非人员费用，包括资源采购、水电、物业等各项费用，这部分费用不太稳定，经常会有所变化。编制新馆成本预算可以做到心中有数，并尽可能促进将图书馆运营费用纳入财政计划，逐年以高于上年的数额拨付，为图书馆的发展奠定良好的资金基础。编制运营规划可以有效地节约成本，提高图书馆的运营效益。

第四，旧馆的规划使用。对于旧馆，一般有两种处理方式，一是放弃，二是继续使用。图书馆馆舍得来不易，最好能够新旧并用。比如，将旧馆作为儿童图书馆或分馆继续使用。

三、服务模式的建立

利用新馆建设的契机，有意识地提升图书馆的整体工作水平是必要而且可行的，其中，确立新的服务模式很关键。服务模式的建立直接影响着资源建设、规章制度、管理模式、人力资源等几个方面的问题。

图书馆常见的服务模式本质上有两种，即封闭式和开放式。这两种服务模式各有特点和利弊：封闭式服务模式成本低、利于管理，但不利于读者使用；开放式服务模式利于读者使用但管理成本高。现在比较流行的服务模式是开放式。模数式、模块式图书馆建筑模式也为开放式服务模式的建立提供了建筑支持。尽管如此，人们也在不断总结经验，不少人认为，虽然开放式服务模式是一个发展趋势，但也不能过于绝对化，即完全肯定开放式的同时完全否定封闭式。合理的做法是将二者有机地结合起来，各取所长。

全开放式服务需要大量的人力、物力来支持，其运营成本很高。同时，某些区域比如珍本、善本等古籍阅览室也不适于全面开放。因此，采取半开放、半封闭相结合的服务模式是比较可行的。至于开放区域的大小、比例则可以根据新馆建筑的特点、人员的安排、运营经费的多少具体而定。

开馆时间的长短也是确立服务模式时需要认真考虑的。一般而言，公休日图书馆面向读者的业务部门要继续上班，而管理部门则不必继续上班。每天开馆时间超过8个小时，需要安排倒班，这又涉及人员编制和经费投入问题。确定开馆时间要根据本馆的人员、经费以及多数读者的需求而定。如果没有仔细考虑本馆具体条件的制约，片面强调开馆时间长，则势必难以持久。

图书馆网站是否提供 24 小时不间断服务也是建立服务模式时需要考虑的问题。理论上讲，互联网和计算机技术的发展使得图书馆利用其网站可以提供 24 小时不间断服务。但实际上，却存在着网站维护等许多问题。如果图书馆对网上的不间断服务很重视的话，那就应该在网站建设上投入更大的经费和人力。

城市集群化图书馆理念和实践的发展，对图书馆的服务模式也提出了新的挑战。最突出的变化就是，以前基于单馆基础所构建的服务模式要逐步转变成基于多馆、中心图书馆基础所构建的服务模式。中心图书馆、流动图书馆、汽车图书馆、社区图书馆等概念和实践，也是在建立服务模式时需要加以考虑的因素。

四、管理模式的建立

管理模式应该适应服务模式的变化，适应服务对象、服务范围和服务方式的变化，图书馆应对组织机构做出必要的调整，完善用人机制，提高图书馆的运行效率。如：减少或合并图书馆传统部门、增加新的部门、赋予现有部门新的工作内容，建立临时任务小组、组建图书馆委员会等。

管理模式变化的一个趋势就是管理的扁平化。过去，图书馆的管理层级包括馆长、副馆长、部主任、组长、员工等。现在管理层级呈现减少的趋势，一些图书馆出现了馆长、部主任、员工三级管理机构。网络技术的发展为图书馆管理的扁平化发展提供了很好的支持。

矩阵管理模式也是现在管理模式上的一个发展趋势。一些图书馆除了传统的行政分级垂直管理体系之外，通过建立临时任务小组、兴趣小组等方式，将不同部门的人员组成一个个横向的虚拟组织，以应对任务和环境的变化，具有更大的灵活性和柔韧性，可作为刚性垂直管理体系的有效补充。

规章制度建设是管理模式建设的重要组成部分。图书馆新馆在建筑功能、布局、服务模式、技术方面的变化，必定会引起图书馆规章制度的深刻变化。因此，建立与新馆功能相配套的图书馆规章制度甚为重要。比如图书馆网站管理制度、网络参考咨询服务制度、消防安全制度等等。由于图书馆始终处于不断发展变化的过程中，因此要注意把握规章制度的稳定性与时效性的关系。规章制度的规范实施关系到规章制度的实施效果，要明确规章制度的执行部门、实施对象、适用范围和适用期限。

新馆管理模式一定要建立在本馆的基础之上，并考虑到未来几年的发展变化趋势，这样才能建立起一套适合自己的管理模式。

五、馆藏资源建设

资源建设是建立服务模式的基础。资源建设首先要设计与新馆规模、新馆发展目标与规划相适应的馆藏规划与目标。馆藏增长缓慢或过快，都不利于有效地发展新馆的效能，也不利于服务模式的建立。其次，要建立与新馆功能相配套的馆藏体系。图书馆新馆功能多种多样，包括诸如开架借阅、电子阅览、网上服务、读者休闲等等，不同的功能要求有不同的馆藏与其配合，而当代图书馆的馆藏种类与数量极为丰富，因此，根据新馆功能服务的不同，"资源建设上要充分根据读者的学科、专业、年龄以及本单位的发展规划等因素，考虑好不同载体、不同种类资源的投入比例，考虑好国内资源、国外资源的比例，考虑综合数据库和专业数据库的比例等关键问题。"从而建立适应新馆功能的馆藏体系。再次，要切实下功夫提高书目数据库的质量。书目数据库是读者探寻、利用图书馆丰富馆藏的指针，其质量直接关系着馆藏利用率和使用效果。提高书目数据库的质量一方面要注意书目数据本身的准确、规范，另一方面要注意提高检索软件的效能。最后，要充分利用图书馆的中心地位，促进本市、本地区文献资源共享建设，以便有效地发挥文献资源的效益。

六、人力资源建设

任何有效的服务模式和优质的服务质量都是由图书馆工作人员直接提供和反映的。在人力资源建设方面，要根据图书馆服务模式的要求，对人员的数量、年龄结构、性别比例、知识结构等进行有效的优化整合。新馆的规模一般都要比旧馆增大许多，对于人员的需求量也随之增加，应根据新馆的发展规划、读者服务的需求等确定一个科学合理的人员总量，避免偏多或偏少。年龄结构上老中青总体比例和部门内比例都要恰当，使不同年龄段的人员都能在各自适合的岗位上发挥其最大能量。多数图书馆男女比例失调，女同志多，男同志少。可以利用新馆建设扩充人员的机会，适当多聘用一些男同志，以解决男女比例失调的问题。同时还要注意使图书馆学情报学专业与其他专业、人文社会科学专业与理工专业等不同学科、不同专业、不同研究方向的人员有机结合，优化工作人员的知识结构。

馆员的在职培训与职业持续发展问题是现代图书馆增强竞争力的重要措施。新馆的启用，是图书馆发展的重要里程碑。新馆效益的充分发挥，有赖于馆员素质和技能的提高。借新馆开馆之机，对馆员进行系统的培训甚为必要。馆员培训的内容包括

第一，介绍新馆的整体情况。向馆员详细介绍新馆的设计理念、定位、功能、布局、面积、建筑特点、能耗、运营费用等有关情况，使馆员对于图书馆新馆的整体概况有所了解。这不仅有助于他们开展工作，而且有助于他们利用合适的时机向读者宣传介绍图书馆。

第二，新设备培训。图书馆新馆建成后一般配备了不少新的设备和软件系统，在正式投入之前，应对馆员就图书馆的新设备和软件系统的功能、特点、使用方法、注意事项等进行系统的操作培训，以备日后新设备的使用能够得心应手。

第三，规章制度培训。图书馆各项工作的正常进行，需要制度来保证。新馆建成后，会根据具体需要重新制定许多规章制度。这些规章制度的真正落实和执行，必须依靠馆员的高度自觉和责任心。因此，对馆员进行规章制度方面的培训很有必要。

第四，职业道德培训。新馆新气象，图书馆的服务质量理应与新馆一同登上新台阶。应该配合规章制度培训、图书馆形象识别管理，开展图书馆职业道德培训。按照《中国图书馆员职业道德准则》的内容展开系统的职业道德培训，提高馆员的思想道德素质，强化社会责任感，树立正确的职业理念，提高图书馆的服务质量和服务水平。

馆员培训的方式多种多样，可以进行内部培训，也可以邀请有关专家和学者来馆讲座，可以进行知识竞赛，也可以进行征文等。

七、新馆形象识别系统的导入

形象识别发端于企业，近几年愈来愈受到图书馆的重视，形象识别已逐步成为图书馆的一项重要战略资源。图书馆所展示的有别于其他组织的整体特征称之为图书馆的形象识别。社会各界组织或个人对图书馆的印象和评价称之为图书馆形象。"形象识别必须明确以下四个问题：①你是谁？②你要做什么？③你如何去做？④你要在何处做？"图书馆主要通过服务、环境、传播和行为这四个方面展示自己的形象识别。

新馆建设是图书馆形象识别系统导入的最佳时机之一，利用新馆建成投入使用之机，将图书馆形象识别系统的四个组成部分——图书馆理念识别、图书馆行为识别、图书馆视觉识别、图书馆听觉识别进行系统的规划和设计，以形成全新的形象识别系统。

图书馆理念识别包括图书馆文化、办馆理念、馆训、人才概念、团队意识、发展目标、发展战略、发展策略等内容。图书馆行为识别包括对内外的行为规范、工作氛围、组织机构、管理方法、礼仪穿戴、文娱活动等内容。图书馆视觉识别包括图书馆名称、标识、馆容、广告、建筑、包装、装潢等内容。图书馆听觉识别包括馆歌、广告歌、解说词等。

国内的图书馆现在越来越重视图书馆形象识别系统的导入与管理。为适应城市中心图书馆发展的需要，东莞市图书馆在新馆建成之际更名为"东莞图书馆"，确立图书馆在东莞地区的中心图书馆地位。南昌大学图书馆确立了自己的馆歌——《图书馆之歌》，歌中唱道："当我们走进图书馆，好像走进争奇斗艳的花园，一册册书本，一幅幅网页，好像一朵朵笑开的花瓣，一群群学子，一位位老师，好像蜂儿采摘着蜜甜，光荣啊图书馆员，用心血浇灌知识的花园。光荣啊，图书馆员，用真情奉献祖国的明天……"。

图书馆形象识别系统的导入和管理可以将图书馆视觉识别系统作为导入的突

破口，着力使馆名、馆徽或标识、馆容、广告等标准化，使有关的色彩、标识、图案保持一致，以形成比较强烈、持久的视觉冲击力，在较短的时间内取得较为明显的效果。

另外，图书馆形象识别系统的导入和管理要注意持久性，要把形象识别系统作为一项长期的战略工程，持之以恒才能取得理想的效果。

图书馆要将形象识别管理融入图书馆工作人员的日常思维、行为和行动中，才能使图书馆形象识别发挥出最大的效益。

八、新馆搬迁

新馆搬迁的内容包括家具、设备、馆藏资源、人员等。图书馆搬迁工作琐碎繁重，组织得当与否，对于新馆是否能如期正常开放影响很大。图书馆的搬迁工作要注意以下几个问题：

第一，制订周密详细的搬迁计划。搬迁计划包括搬迁时间、搬迁准备、搬迁步骤、不同物品与设备的打包原则、所需人力和车辆、搬迁费用、搬家公司的选择、废弃品的分类与处理、新馆的布置规划、搬迁的组织领导等。最好制作一个搬迁进程图，将每个阶段涉及的要素在图上标出来，以便随时掌握搬迁进度。

第二，家具设备的搬迁。确定家具设备到位的先后次序，次序合理与否直接影响搬迁的进度和效率。大型家具设备先到位，小型家具设备后到位；影响其他物品位置或布局的家具、设备先到位；办公桌椅先到，隔断后到；服务器先到，终端后到。协调好家具、设备提供商之间的关系。新馆既有旧馆现有的家具设备，又有新采购的家具设备。新采购家具设备的提供商有许多家，协调好这些提供商之间的关系，安排好他们提供家具设备到馆的先后次序，对于新馆的搬迁效率和速度具有很重要的影响。

坚持严格、系统的质量检查。家具设备到位阶段往往比较容易出现质量问题，具体表现有：以次充好、规格不符、磕碰损坏，而且极个别的家具设备提供商伺机钻空子。所以，严格、系统的质量检查一刻也不能放松，发现问题立即责成有关单位马上解决，切不可轻信对方游说，放过问题家具和设备。为防止在最后阶段出现问题，应在家具设备到位之前与相关提供商打好招呼，明确以下几条：凡是现场发现问题的家具设备一律退回，如果发现提供商恶意以次充好必将追究其责任，如果搬运安装过程中因野蛮作业造成家具设备磕碰损坏一律退回。如此，再加上严格的现场质量检查就能够尽可能保证家具设备的质量。

第三，将搬迁作为藏书组织改造的契机善加利用。图书馆经过多年的发展，积累了大量的馆藏，形成了稳定的藏书结构，其中有些图书已经老化，有些学科藏书结构已经不能适应当前读者的需要，还有些图书在书库的位置需要调整等等。利用搬迁的时机，进行统筹规划，或者剔旧，或者补充新书，或者调整藏书结构，或者重新安排某些图书在书库中的位置，能够有效地改变藏书的组织结构和空间结构，实现馆藏资源的优化和调整。

第四，配备得力的现场指挥人员，协调组织和管理。根据事先制订的计划，组织家具设备提供商提供的家具设备，以及馆藏资源、人员有序到位，并对不能按时到位的情况进行及时有效的处理。现场指挥人员还要协调、指挥旧馆家具设备的搬迁和安放。

第五，减少搬迁工作给读者服务带来的影响。图书馆的整体搬迁，必然对图书馆的各项工作产生影响，要尽量减小搬迁工作给读者服务带来的影响。搬迁工作对于读者服务产生的影响一般包括两个方面：开放范围的缩小和开放时间的缩短。藏书要提前打包，设备也要提前整理包装，搬到新馆后还需要一段时间重新安排布置，要尽量提高效率，尽快完成搬迁工作，使搬迁工作对读者的影响降到最小。

第六，计算机网络设备搬迁应注意的问题。首先要将重要的数据提前备份，避免因搬运造成设备故障而导致数据丢失。其次要注意有序化，将有关设备按照一定规则顺序编号，以便搬到新馆时可以按照原样恢复。再次，要注意包装，搬运过程中轻拿轻放，避免设备损坏。

九、新馆开馆筹备与开馆典礼

新馆搬迁之后就进入新馆开馆筹备阶段，这时应立即投入试运行阶段为开馆做好准备工作。在试运行期间，首先要检查图书馆网络系统、自动化系统运行是否正常，其次是各部室要熟悉新馆建筑以及各自的工作环境，再次要认真落实新的服务模式、规章制度等。

经过试运行之后，新馆就可以正式开馆了。正式开馆时，一般都要举办开馆典礼活动，一方面是对新馆建设过程中给予图书馆支持和帮助的社会各界表示感谢，一方面是向社会正式宣布新馆开馆，并借机扩大新馆影响。

开馆典礼是一项综合性的活动，参加人员包括政府机构领导、图书馆学会领导、赞助单位代表、兄弟图书馆代表、读者代表、特邀嘉宾、相关企业代表、新闻媒体以及本馆工作人员。通过开馆典礼活动，应该将图书馆形象识别系统、馆舍设备、优质的服务与工作人员精神风貌完美地展现出来。

开馆典礼活动的成功举办，有赖于周密细致的安排和扎实的工作落实。比较关键的环节是：邀请到有相当层次的领导和嘉宾出席以保证活动的档次；参会代表人数要达到一定规模以保证活动的人气；邀请主要媒体参加以保证将活动及时向社会报道。细节上要注意的地方也很多，如请柬的准备、会场的选择、新闻通稿的撰写等等。

开馆典礼的一般程序是这样的：主持人宣布开馆典礼活动正式开始，介绍领导和来宾，领导和来宾讲话，馆长介绍新馆情况，参观新馆等。

不少图书馆借开馆典礼活动之际，还同时举办学术研讨会，既可以提升活动的档次，又能吸引范围更广的人员参加，还能更有效地扩大图书馆的影响。首都师范大学图书馆在举办开馆典礼活动的同时举办了"图书馆的区域合作与共享"国际研讨会，取得了很好的效果，非常值得借鉴。

为了取得较好的效果，有的图书馆还专门聘请礼仪公司来协助策划、实施开馆典礼活动，借助外力来实现自己的意图，也不失为一种比较好的方法。

第三章 图书馆阅读推广的理论

"阅读推广"早在1949年就引起了国际图书馆界的关注,《联合国教科文组织公共图书馆宣言》明确指出:"公共图书馆,作为人们寻求知识的重要渠道,为个人和社会群体进行终身教育、自主决策和文化发展提供了基本条件。""必须将注意力置于下列重要活动,晨览、书目、讨论会、讲演、课程、电影和个人阅读指导等。""必须激励阅读兴趣,不断通过精心策划的公共关系项目宣传推广图书馆服务。"从这些描述来看,阅读推广并非纯粹的活动开展,而是涉及了多领域知识的系统工程。

第一节 基于传播学的阅读推广

传播是指"人类通过符号和媒介交流信息,以期发生相应变化的活动",它伴随着人类社会的产生和发展而不断演进,是构成人类活动的一种特有现象。传播学就是在此基础上形成的一门学问,是研究人类如何运用符号进行社会信息交流的学科。传播学作为人文社会科学的基础学科,对其他学科的影响力不容小觑。可以说,一切有关人类生活的研究都不可避免地涉及这门学科。阅读推广是以"倡导阅读,弘扬文化"为主题的信息传播活动,是信息符号传送并且相互作用的过程,是一种基于传播学的信息推介行为。它同样具备传播活动的各个要素。

如何有效利用传播理论以最佳的方式进行信息扩散,是阅读推广所要解决的关键问题。本节从传播学角度对阅读推广进行科学审视,以"传播"为核心概念,宏观分析"阅读推广"的基础理论,试图构建阅读推广的传播模式理论框架。

一、传播学与阅读推广关系探究

(一) 阅读推广与知识传播

知识是传播的重要物质基础,是传播赖以生存和发展的根基。知识传播是指"知识信息通过跨越时空的扩散,使不同人群之间实现知识共享的过程,知识传播的本质就是把知识从其形式上的拥有者通过各种媒介传送给知识的接收者,使知识的接收者能够充分了解和分析所需的知识。"

社会的文明和进步需要知识跨越时间和空间的传递、延承,知识只有通过传播,人们才能了解、学习和掌握,进而用习得的知识更好地为社会服务,促进社会的持续发展。

阅读推广是一种知识传播,是公益性的社会教育活动,也是传播社会文化的重要手段之一。在信息高速发展的今天,知识更新日新月异,人们对知识的渴求愈显迫切,这时急需一种指向性的阅读推手来激发大众的阅读兴趣,指明其阅读方向。阅读推广机构正是这样一个促进全民阅读的推手,它包括政府部门、出版社、学校、书店、图书馆等。这些机构兼具传递情报信息的功能和传播文化知识的教育功能,因此阅读推广机构在很大程度上肩负着满足社会大众信息需求和知识需要的重任。知识传播是人类文化得以保存和发展的基础之一,知识靠后天习得,因此知识的延续与发展有赖于文化的教育与传播,从这个意义上来讲,阅读推广机构所进行的阅读推广活动正是文化传播、保存和延续的一种方式。在时间维度上,阅读推广通过人类的代际相传使文化得以传递;在空间维度上,它通过地域的平行转移使文化得以传播。因此,可以说阅读推广是一种面向社会的公开性的知识传播。

(二) 阅读推广的传播模式分析

传播模式是在理论上对传播中各个要素的互相影响和相关变量的关系进行描述并反映整个传播环节以及传播效果的一种方式。它是科学研究经常采用的方法,也是阅读推广研究的重要内容。传播模式是"对传播活动的内在机制与外部联系进行的一种直观的简洁的描述，也是一种象征性的拥有同现实传播活动相同的结构属性的合乎逻辑的设想"，是研究传播过程、传播形式和传播效果的公式，优秀的传播模式兼具构造、解释、引导、简化和预示的功能。阅读推广作为有组织的传播活动，也遵循着这些功能。

阅读推广活动的策划实施有一定的秩序性，推广的内容具有解释和引导的功能，为受众指明具体的阅读方向；同时，阅读推广还具备传播模式的呈现性、整体性、启发性和实用性特点。阅读推广在利用语言文字、符号或者图形等方式进行信息推介时，具有超强的呈现性。推介的方式和内容必须推陈出新才能更加吸引受众眼球，达到更好的效果，而在受众进行内向传播的同时还完成了引导和启发的过程。

阅读推广无疑是一种传播现象，拉斯韦尔经典的5W（即Who，Say What，In Which Channel，To Whom，With What Effect）传播模式就鲜明地概括了阅读推广的五大核心要素，即阅读推广主体、阅读推广内容、阅读推广渠道、阅读推广对象和阅读推广效果。

阅读推广活动中的传播者就是阅读推广主体，包括阅读推广活动的倡导者、组织者、实施者、支持者等，是整个阅读推广活动中发起并承担主要责任与义务的社会组织或个人。阅读推广内容是指根据阅读需求整合各种阅读资源推荐给适合的人，具有因材施教、因时制宜的特点。阅读推广渠道是"信息传递所必须经过的中介或必须借助的物质载体"。阅读推广渠道是多样化的，为普及阅读提供了更多的可能性，包括传统推广媒介（比如报刊、其他印刷品、标志等）、电子推广媒介（如广播电视、电子书刊、多媒体等）、设施推广媒介（如移动架栏、固定架栏、推介书架等）、网络推广媒介（如电子邮件、网站、微博、微信等）等。阅读推广对象是传播活动的受众，也就是阅读推广的目标群体，这类群体具有"受众性、广泛性、差异性、反馈性等特点"。阅读推广效果是指受众在接受推广内容后在其认知、情感、行为等层面做出的反应，是阅读推广产生的影响和结果，是检验阅读推广活动的重要尺度。

事实上，阅读推广并不是一个简单的线性传播活动，根据"马莱茨克大众传播场模式"分析，阅读推广应该是一个变量众多的社会互动过程，它受社会作用力之间互动及社会心理因素之间互动的影响。阅读推广有自己的传播动机，受众对媒介和信息的选择也有各自的特点，而受众的反馈信息更是阅读推广活动中的重要一环。

二、阅读推广的传播谋略

在信息竞争日益激烈的社会，谋略是一种在重大决策和行动中行之有效的思维方法，更是一种"创造性制胜条件"。传播谋略，顾名思义，是指"传播者思维活动中的一种重要表现形式，是个体实现意志行动的智慧保证，也是将传播目的或动机转化为传播行为的关键一环"。阅读推广作为一种文化传播行为，它的实践一再表明：阅读推广要想获得最佳传播效果，圆满完成自己的传播任务，除了要掌握传播的规律、原理和规则之外，还必须策划和运用各种行之有效的传播谋略。

（一）推广的运筹与决断

在阅读推广过程中，推广的运筹与决断直接影响阅读推广的效果，要想达到理想的推广效果，必须遵循正确的原则和标准。

第一，运筹与决断必须制定完善的决策机制。在传播机构中，决策层是筹备策略和实施计划的总枢纽、智囊团。无论是政府推动、社会组织还是图书馆主导的阅读推广，都离不开决策层的筹谋施谋，而一个完善的阅读推广决策机制应该由决策机构、参谋机构、智囊机构、信息系统四个部分组成。决策机构负责在初始阶段制定推广策略和内容，参谋或智囊机构重在参与策划、完善决策机制，信息系统则需要充分采集信息为决策过程进行阅读推广环境因素的分析。第二，运筹与决断必须确保传播内容的质量，只有选择优质可靠的推广主题才更能抓住受众眼球，吸引他们的注意力，从而达到更好的传播效果。第三，要保持谋略的弹性，也就是说阅读推广项目的策划要留有余地，有互补的方案，能及时修改、完善不足。第四，要精选筹划时机，阅读推广项目的实施要抓住重要的节点，比如在重大节假日进行有重点的推广。

(二) 推广的基本步骤

阅读推广的策划与实施是一个循序渐进的科学系统，每个步骤都有其科学内涵，各个步骤之间联系紧密，逻辑分明。

阅读推广的策划与实施包括六个基本步骤。第一，情报活动。有针对性地搜集有关情报信息，确定目标人群和推广主题。第二，设计活动。也就是阅读推广的传播方案，必须集思广益，罗列尽可能多的推广方案，这是围绕目标群体和阅读主题所进行的具体思维活动。第三，选择活动。这是对设计活动过程的优化选择，将不同推广方案进行比较，权衡利弊，排除不利方案，择优选择。第四，宣传活动。任何一种传播活动都必须进行宣传，这包括项目实施前后的宣传。项目实施前，要精心制作宣传品，联合媒体在机构内外进行宣传。项目实施后，需要利用各种传播手段进行相应的报道。第五，实施活动。阅读推广项目的组织实施要有明确的团队分工，包括团队的构成、任务的分工，然后是编制时间进度计划，这样才能确保阅读推广项目的顺利进行。第六，评估活动。活动的评估，是一种激励和改进的手段，也是提高资源利用率的有效手段。首先是对效果进行评估，效果评估"是指对阅读推广项目所产生的效果进行的评估，一般结合阅读推广项目设定的目标进行"，包括对读者借阅量变化的分析、读者阅读意愿或能力变化的分析及对媒体报道情况的分析。其次是对过程的评估，即对项目的整个过程进行评估。如果传播没有达到预期效果，需要重点审视几个问题：项目策划是否科学合理、项目宣传是否到位、项目实施是否顺利。

(三) 经典策略

古今传播的经典谋略形形色色，数不胜数。美国传播学家赛佛林曾在论述美国宣传史时重点介绍了七种宣传策略，其中有几种经典谋略可以加以利用，帮助阅读推广取得更好的效果。

1. 光辉泛化法

光辉泛化法也称晕轮效应、光环效应，是一个经典的心理学效应，它的特点是"将某个事物同人们普遍认同的好的事物或概念联系在一起，通过好事物的光辉泛化，使人们不经检验和查证就接受或赞同这一事物"。阅读推广本身就是一种公益活动，具有好的品质，如果在推广内容上对受众投其所好，满足受众的心理需求，给他们提供一个良好的初印象，必定能赢得更佳的推广效果。

2. 证词法

证词法也就是现身说法，"就是设法让某些令人尊敬的或令人讨厌的人以作证的形式说某人或某事物的好或者不好"。这种方法类似于后面讲到的"意见领袖"和"名人效应"，阅读推广有时候选择具有公众影响力的人物进行某个主题的推广，更能吸引受众注意力。

3. 乐队花车法

乐队花车法是一种从众效应，"这一策略试图让人们相信当前几乎所有的人都在齐心协力地做某件事，你如果不想落伍，就应该同大家保持一致。"

"这是一个全民阅读的时代"，这样的口号已经给全民提出了基本暗示，暗示全民都在阅读，如果你不阅读，显然你已落伍。在阅读推广的过程中，可以多采用此种方法，激励受众参与。

（四）推广技巧

推广技巧可以说是打动受众进而影响推广结果的重要因素，因此为了达到预期目的，推广机构不得不采取一些有效的策略方法。在阅读推广的过程中，可以借鉴传播学中的"议程设置""舆论领袖"和"名人效应"策略达到最佳的推广效果。

"议程设置"理论最早由马克斯韦尔·麦库姆斯和唐纳德·肖在《大众媒介的议程设置功能》一文中正式提出。他们认为，大众媒介或许无法指示我们如何思想，但它却可以决定我们所看到的、所想到的，并能突出重点问题。也就是说，在传播过程中，媒介重点报道和强调的事件往往会反映在受众的意识之中，大众媒介对事件的关注程度和报道频率常常与受众对同一事件的重视程度成正比。于是形成因果关系："大众传播媒介愈是大量报道或重点突出某个事件或问题，受众愈是特别地关注、谈论这个事件或问题。"在阅读推广过程中，合理的媒介"议程设置"能够把受众注意力引导至特定的方向,能为活动争取更多人的关注和支持。媒介在推广全民阅读、倡导主流价值观、传播科学知识、传播文化等方面发挥着重要的作用,因此在做阅读推广的时候,我们要充分利用大众媒介的权威性引导全民阅读。媒介作为阅读推广的重要手段,它在资金运转、宣传平台和活动策划方面具有一定的优势,能够与图书馆所拥有的读者、场地、策划和组织活动的经验等正好形成优势互补。图书馆与媒介联合开展宣传推广活动,形式也可以是多种多样的,比如以诗会友、书评大赛、读者沙龙、中国汉字听写大会、地方文化鉴赏或公益讲座、网络论坛等。

"意见领袖"又译为舆论领袖,"是指在信息传递和人际互动过程中少数具有某种影响力的中介角色者"。这些中介者扮演的是"向导"和"桥梁"的角色,将自己最先接触到的信息内化加工后传播给其他人。"这种由'大众传播→舆论领袖→追随者构成'的传播过程,被称为二级传播。"

然而,这种二级传播的效果往往比直接的大众传播更具说服力。比如肯尼迪总统被刺这个震撼美国的消息,约有一半的人是通过他人告知的。可见,意见领袖的影响力是不可轻视的。阅读推广工作同样可以利用这一技巧加强推广力度。在信息的多级传播过程中,有意见领袖的介入会加快传播的影响力、渗透力,他们具有影响和改变他人态度的能力。比如高校图书馆在做阅读推广的时候,可以引导优秀的学生干部、学霸或者活跃于校园网、微博等媒介中的"版主""博主"成为图书资源推广的意见领袖,能够更好地起到模范示范效应。

"名人效应"相当于一种品牌效应,通过具有强大吸引力和号召力的名人来带动事物的发展,能够产生强大的社会影响。名人效应通常可以带动人群,甚至左右人群,这种效应在生活中比比皆是,如中国古有"楚王好细腰,而国中多饿人""昔者晋文公好士之恶衣,故文公之臣皆牂羊之裘……"等典故,今有知名人士代言广告刺激各项消费等。具有公众影响力的人物对某种文化行为进行宣传推广时,必然会引起公众的广泛关注。在阅读推广的过程中利用名人效应,其目的是满足目标受众的偶像崇拜心理,加深他们对品牌的喜爱程度,从而扩大传播的效果。

三、传播学视野下阅读推广实现要素

阅读推广作为一种积极的文化传播活动，同样具备传播活动的各个环节，推广人物、推广素材、传播渠道、运行机制等方面不同程度地影响着阅读推广的效果，是实现全民阅读推广活动有效进行的重要因素。

（一）推广人物

1951年，美国心理学家卡尔·霍夫兰根据对信源的可信性与说服效果关系的实证研究结果，提出了"可信性效果"的概念，即信源的可信度越高，其说服效果越大；反之，信源的可信度越低，其说服效果越小。而可信度主要取决于两个要素：一是传播者的信誉，二是传播者的专业权威性。因此，阅读推广的效果很大程度上取决于推广人物的可信度。"如果观众认为传播者是一位很有威望的人，那么，他对观众的影响就会产生很大的强度。"

这表明：传播者专业权威形象能够提升自身的魅力和公信力，能够让受众乐于信任和接受其传播的内容。

阅读推广要实现大众化的宏伟目标，推广人员应具备以下要素。首先，应该具备传播学中的"守门人"意识，以提高责任心。守门人也就是对整个推广计划进行把关的人，他在文化传播中可以决定什么性质的信息可被传播、传播数量以及如何传播等。其次，建立专业化队伍，推广人员必须经过专业的培训，建立合理的知识结构，加强专业素养和媒介素养以提高其权威性。最后，应该加强个人的道德修养以提高信誉度，尽可能避免单向灌输，争取平等的双向交流，重视受众的心理和反馈信息。推广人员必须有扎实的业务水平，善于利用娴熟的人际传播技巧挖掘受众的潜在需求，使传播内容与之相耦合，尽可能在受众心中建立信任感和亲切感。由此，阅读推广人员才能通过德业双馨的个人魅力更大化地发挥"可信性效应"的积极作用，进而追求阅读大众化的最佳效果。

（二）推广素材

丰富的阅读推广素材和有特色的推广形式是受众喜闻乐见的，由于人民大众

受其科学文化水平和专业知识的局限，他们更喜欢接受通俗易懂、简单有趣的信息，因此在阅读推广素材的加工上有一定的要求。首先要使推广内容趋于通俗化，推广标语和内容力求简短有趣、接地气，能引起感情共鸣，比如在做推广标语的时候可以有针对性地巧用谚语、成语、歇后语、流行语等。通俗化的推广内容有利于受众理解和掌握，提高推广内容的可接受性。

丰富推广素材还要求提高推广内容对现实生活的有益性。不同的受众在接收信息的时候有不同的社会需求，有些是为了解决生活中遇到的难题，有些是为了社交的需要，有些是为了学习研究需要，有些则是为了娱乐消遣的需要。

阅读推广素材重点是要求加强文献信息的完备性。如图书馆，它吸引读者的一个重要因素就是信息的完备性。因此阅读推广机构应该注重分析受众的信息需求，并进行不同分类，如生活类、大众读物、学术文化类等，各个阅读推广机构要善于资源共享。

（三）推广渠道

随着信息化的快速发展、网络的迅速普及，阅读推广活动同样需要积极利用各种现代信息技术来挖掘传统媒介潜力，拓展新兴媒介优势，以提高信息的传递能力和利用能力。

随着信息化浪潮的席卷而来，受众的阅读兴趣和方式发生了很大的变化，要成功应对这样新的挑战，各大阅读推广机构应该做到以下几点。首先，充分利用网络平台，为受众提供多元化的阅读平台，加快改革步伐，在机构平台主页建立导读系统，加强所藏资源的数字化进程；加强与其他阅读推广机构的合作，实现资源共享。其次，充分借助手机及其他电子产品平台，为受众打造新型的掌上图书馆。随着智能手机的广泛应用，各推广机构应适时推出掌上图书馆业务，用掌上平台提供丰富的电子图书资源和共享工程的信息资源。再次，各阅读推广机构应该积极主动建立图书流动站，为受众创造图书馆服务网点，供其方便快捷地畅读精品图书。最后，加强与新闻媒体、出版发行部门、相关公益机构的通力合作，共同促进阅读推广活动的广泛开展。

（四）运行机制

完善的运行机制有助于工作的顺利开展、计划的长期实施、目标的全面实现。运行机制的完善需要重视制度建设，健全推广机制，打牢工作基础，由此实现阅读推广活动常态化。

设立专门推广机构，设置专职人员和专项经费，统一筹划、协调、运作、开展活动；确立评估体系指标，具有指导阅读活动开展、多点观测及检验评估的功能；科学制订计划，在策划中重点突出主题、精心设计图案，做到活动计划的长短结合，形成品牌；建立激励机制，重点坚持以人为本与"四性"（目的性、系统性、针对性、适度性）原则，激励手段主要有物质激励、精神激励等；健全管理机制，提高管理水平，加强保障力度，健全人员招募、培训、管理、激励等工作机制，推动和规范阅读推广活动有序开展；完善反馈机制，"受众不仅是传播媒介积极主动的接近者、参与者，还是传播效果的'显示器''晴雨表'，在传播活动中扮演着非常重要的角色。"受众的反馈意见是对推广活动的有效评价，是检验和衡量信息、推广效果的基本依据，是改善推广机构决策的重要凭证，对下一次推广活动有调节、修正、指导的作用。

第二节　基于心理学的阅读推广

无论战争、营销还是推广，都离不开对人心理的研究，攻心是谋攻的最高原则，是制胜的关键因素，也是战略的最高目标。阅读推广的顺利进行首先要突破的问题就是对受众的阅读需求和心理进行研究，而对受众阅读心理的剖析离不开心理学的科学指导。心理学就是研究人的心理现象（精神现象）及其活动规律的科学。

受众对阅读的心理需求无外乎寻求情报、解决问题、强化信念、社交需要、安慰消遣等，常见的受众心理有从众心理、模仿与流行、佐证心理、得益心理、求新心理、求近心理、选择心理和逆反心理。受众的阅读心理是阅读推广首先要解决的问题，这就要求我们掌握心理学的相关知识，通过心理学透析大众读者的阅读行为。心理学可以作为阅读推广活动的科学基础,这一点对阅读推广未来的发展至关重要。

一、受众阅读心理需求

受众,简单来说,就是接收信息的人,是信息传播的目的地。专业地讲,受众是信息产品的消费者、传播符号的"译码者"、传播活动的参与者、传播效果的反馈者,是实现信息完整传播的重要环节,对信息的传播起着至关重要的作用。受众的类型也是千差万别的,不同的受众有着不同的思想观念、文化素质、社会特点和兴趣爱好等,他们对阅读有着不同的心理需求,只有抓住不同受众的心理特点采取相应的阅读推广方略,才能使推广活动收到预期的效果。

《中国大百科全书·教育卷》对"阅读心理"做了这样的解释:"阅读是从写的或印的语言符号中取得意义的心理过程,阅读也是一种基本的智力技能,它是由一系列的过程和行为构成的总和。"即是说,阅读的时候会产生一系列心理过程,各种心智因素(感知、想象、记忆等)、心智技能(分析、推理、归纳等)、意向活动(动机、兴趣、意志等)参与其中,各环节相互作用,进而形成一个渐进的认知过程。这一过程决定了一个人的阅读能力和阅读水平。如果在做全民阅读推广的时候能够准确地把握多种阅读心理因素及其交互作用的阅读认知心理过程,对于改善阅读主体的阅读能力、提高其阅读水平无疑具有重要的意义。

(一)知识分子

《辞海》对"知识分子"的界定是:"有一定文化科学知识的脑力劳动者。"通常知识分子具备三个特点,有专业的知识或专门技艺所依托的独特创造力;具有独立、自由、健全的个人生活,包括思想、价值观等的独立;有社会责任感,坚持正义、真理。

笔者根据对阅读推广阐述的需要将知识分子划分为三个群体:社会精英、教师、学生。由于他们的职业、职务、爱好和年龄等差异,其阅读需求也是各具特色、千差万别的,但他们的阅读心态可概括为六种类型。第一,消遣娱乐型。这种类型的读者受众多是为了缓解紧张的工作和学习，用愉快的阅读活动消除疲劳、调节精神。此时的阅读需要多是文学艺术作品和各种具有知识性、趣味性的报纸、杂志等，目的是开阔视野、增长见闻、陶冶情操，从阅读中获得美的享受。第二，应用型。这种类型的读者受众主要由决策管理人员和具有实际经验的工作者构成，他们的阅读需要是吸收、借鉴现有的政策、经验、科学技术知识等助益生活和工作。第三，知识增进型。这种类型的读者受众以教师和学生为主，他们的阅读目的明确，阅读需要具有专业性、基础性、系统性和广博性等特点。他们通过阅读来提高文学水平和理论水平，用阅读进行自我教育、自我提高，以适应教研、学习的需要。第四，资料查证型。这种类型的读者受众主要是想通过阅读查询具体信息和解决问题的办法来处理在教研学中遇到的困难，目的是解疑释惑。第五，科研追踪型。这种类型的读者受众是期望通过了解和掌握某学科、某领域国内外的科研进展情况和最新成果来助力自己的学习、研究。第六，学术创造型。这种类型的读者受众大多为较高层次的研究工作者，他们的阅读需求较高，大多关心所涉领域中水平较高、专业性较强的国内外科技信息，为了充实自我，启迪思考，开拓创新。

(二) 普通民众

本部分普通民众的阅读心理研究主要集中在市民和农民两个群体，他们的阅读需求主要体现在与工作相关的各种专业知识、经验以及与实际生活密切联系的内容。由于市民涵盖的社会职业种类千差万别，因此不同的职业类别对阅读有着不同的需求。如：①干部领导型受众的阅读需求主要集中在宏观层面，他们对政治、经济、文化、法律法规等方面的信息需求量大，而且要有一定的理论性和预测性。②专业技术人员的阅读心理则是以本专业、本学科的信息为主，对阅读信息要求全、新、深，以进行知识更新和补缺。③岗位培训型受众的阅读需求是以岗位为中心，以提高政治思想和职业道德水平、工作能力和生产技能为目的，他们对阅读信息的需求明确，讲究实用。

农民获取信息的主要媒介是报纸、电视、广播、书籍等，他们关注的信息主要集中于民生民情、经济法治、生活科技、种植养殖、医疗健康等方面，他们最关注的信息在于各项涉农政策及农牧培育知识。农民的阅读规律体现在四个方面：通俗性、科普性、多样性和实用性。通俗性表现在农民对文学读物尤其是通俗读物的喜爱。科普性体现在农民关注科技兴农方面的知识，喜爱科技读物。多样性体现在农民的阅读需求随农村发展的多样化而变化，如普通农民重视耕种技术，农民企业家需要工业技术指导读物，青年工人和农村读者则对武侠、警匪类的连环画感兴趣。农民对阅读的内容大多要求通俗详细、浅显易懂、实用性强，他们往往借助阅读解决生产、生活中遇到的难题，这体现了对阅读的实用性需求。

（三）少年儿童

儿童富于想象，他们对自然充满了好奇心理，喜欢听故事，一些家长尤其重视早期阅读，因此自然科普、童话故事、智力游戏、手工艺类图书较受欢迎。近年来，随着社会对人们知识能力的要求提高，家长对知识文化的重视程度也相应提高，普遍愿意为孩子进行文化智力投资。

小学中高年级儿童，刚步入阅读期，他们的大脑机能进一步完善，学习开始成为主导活动。这个时期是他们形成人生观、世界观的萌芽阶段，是儿童心理上一个重要的转折期。他们对少年英雄这类依靠勇气和智慧解决问题的冒险、推理故事比较感兴趣，因此用伟人、英雄故事类书籍引导他们最有效。

少年期儿童，到了学龄中期，这一时期又叫"危险期"，他们的心理特征突出地表现为幼稚与成熟参半，看待事情片面化，敏感冲动，容易偏激，需要正确引导。他们喜欢名人传记、科普读物、侦探小说、大众流行等一类的成人读物，阅读过程中，他们还会剖析书中人物内心世界和行为动机，对英雄人物则产生崇拜心理。

青少年期的读者，人格更加成熟，有自己的理想，相较前三类读者而言，其阅读更具独立性和批判性。他们的阅读兴趣也会随着年龄的增长而变得宽泛，喜爱古今中外优秀文艺书籍、科普类和传记类读物。此外，他们还会使用工具书、课程辅导类图书期刊解决学习中的困难。课程竞赛类书籍也是他们的选择之一。

(四) 老年人

老年人有丰富的人生阅历，生活和事业基本定型，他们中多数人具有较高学历和较高职称，对精神层面有更高的追求，其阅读需求专业性较强，学术性较浓，大致有四种类型的阅读需求：圆梦型、奉献型、研究著述型、自我完善型。

①圆梦型读者的阅读需求主要表现在不少老年读者对年轻时梦想的继续追求，由于退休后时间充裕、精力充沛，他们开始重拾对绘画、书法、园艺、乐器等的热爱。②奉献型读者体现在对公益事业的热衷，有些老年人把精力都投诸公益事业，如"退协"和志愿者等新岗位，于是一些相关的领域信息便成为他们学习的对象。③研究著述型读者对自己的事业和人生有不同的感悟，他们在工作生活中积累了丰富的材料，闲暇时光则将其写成著述。在研究的过程中，他们会关注并利用文、史、法、医学类书籍。④自我完善型读者比较注重晚年精神生活，开始享受和品味生活，喜欢在阅读的愉悦中陶冶情操，完善、净化自己的心灵世界。

除了那些仍热心探索人生和社会真谛、业务上精益求精的老年读者外，还有部分老年读者普遍表现出对治安、公共福利、卫生保健、养生娱乐等方面知识的关注。因此，公共治安、养老保健、卫生福利、曲艺棋牌等娱乐性质的书籍颇受他们欢迎。

研究和把握多种类型读者受众的阅读需求和阅读心理是为了有针对性地进行阅读推广工作，使之更好地为读者受众服务。

二、阅读推广的心理学研究

人的精神世界产生的一切活动称为心理活动，是人类特有的精神现象。心理学就是有针对性地直接研究人的精神现象的学科。心理学作为研究人的心理现象的科学已被广泛应用于各个领域，在做阅读推广工作时，若能合理地利用相关的心理学理论进行指导，阅读推广就能够取得更理想的效果。

(一) 感知觉与阅读推广

感觉是最直接的一种心理现象，知觉基于此，且是对感觉的深入。

感觉是直观的感受，决定着某件事物能否给人留下良好的第一印象，第一印象良好则会抓住读者的味蕾保持其对阅读的持续兴趣。阅读推广需要注意的方面太多，不仅要针对不同的群体采取不同的推广方式、推广内容，阅读环境也相当重要。因此，阅读活动的包装、宣传、评估、反馈及阅读环境的建设等方面都是推广机构需要积极思考的问题。比如阅览室的设计，从感觉的角度出发，推广机构要考虑墙体、桌椅、地板等色彩的搭配，还要注意光线的明暗、物体安置的距离、绿色植物的摆放等，否则会引起读者视觉疲劳。此外，阅览室分区要清晰明显，书架、书桌的摆放尽量形成对比，对一些提示性、警示性的重要标志应当用鲜明的颜色或形状区分开来，整体上色彩搭配合适、分区合理、视野明亮、大方美观的阅读环境才能长久地留住读者。

知觉以感觉为基础，是"对感觉的信息进行组织和解释，并且赋予意义的加工过程"。通过知觉，我们才能对事物有一个完整的印象，从而了解其意义。知觉是人的一种主动对信息加工、推论和理解的行为，受过去经验、言语思维、当前环境和未来计划的影响，因此时常出现感知与现实不符的情况。由此，为了避免受众产生感知偏差，在阅读推广时我们应该注意：尽量给读者提供简明扼要、清晰易懂的推广内容，否则会引起受众的判断失误，增加其认知负担；理解受众的阅读目的，预判受众的阅读动机，确保其在每一次的感知过程中能够迅速集中注意力，及时获取需求信息。

人的感觉器官都有感觉适应阶段，若刺激过度，则会造成读者对刺激物的感受能力降低，产生边际递减效应，因此在做阅读推广时要把握适度的原则。

(二) 记忆力与阅读推广

19世纪末，著名的德国心理学家艾宾浩斯开创了记忆实验研究的先河，由此，记忆问题备受心理学家、生理学家的关注，并且在此基础上取得了诸多有价值的研究成果。所谓"记忆"，是指"人脑对过去经验反映的心理过程"。根据记忆内容与对象的不同分类，记忆可以分为形象记忆、语词逻辑记忆、情绪记忆和动作记忆。

形象记忆重在感知事物的形象，是一种直观、感性的记忆，它是直接对客观事物的形状、大小、体积、颜色、声音、气味、滋味、软硬、冷热等具体形象和外貌的记忆。具象的形态是通过视觉被直接感知的，更容易与人们记忆中的形象产生类比和共鸣，形象化的表现有着更大的接受群体。对于阅读推广海报的制作来说，使用形象是一个福音，经过美化的文字、形象、与文字紧密结合的形象更容易让人产生共鸣，使人记住。

语词逻辑记忆称为意义记忆或词的抽象记忆，主要是以学过的知识、概念、判断、原理、公式等为内容的记忆，是人类保存经验的主要形式，它随着抽象思维能力的发展而发展。在阅读推广中，充分考虑产品的品牌，或者概念性的常识，可以及时调动人们记忆中的知识和经验板块，加深对推广内容的印象。

在阅读推广过程中，还可以利用情绪记忆和动作记忆来加强活动效果。情绪记忆是对体验过的某种情绪（如喜、怒、哀、乐等）或情感的记忆，而动作记忆则是以操作过的动作、运动、活动为内容的记忆，属于形象记忆的一种特殊形式。在阅读推广过程中可以据此多开展一些邀请受众参与的阅读互动活动，比如"真人图书馆""读书沙龙""诗词吟诵"等等，不仅吸引受众眼球，更能加强受众对阅读推广内容的记忆。

(三) 注意力与阅读推广

战国时期著名思想家荀子有言："心不在焉，则白黑在前而目不见，雷鼓在侧而耳不闻。"说明一切心理活动的进行都离不开注意力，注意力总是和心理过程紧密联系在一起的。在注意力经济时代，吸引并维持受众的注意力是阅读推广成功的关键，唯有创新推广活动，抓住受众阅读心理，用新颖、接地气的推广方式提供可信赖的阅读内容，才能更好地激发受众的阅读兴趣。

通常情况下，人们比较容易从他们所关注的事物上分散注意力，但也能够做到过滤其他刺激而只关注一件事。人们的这种高度集中且具有选择性的注意对阅读推广的启示就是：受众的注意力通常会被移动的物体、人物画像、美食图文等吸引，突发的噪声和与危险相关的图文等也会引起他们的注意。阅读推广活动可以充分利用电影、动画等可移动的物体及人脸、美食等直观图片吸引受众的眼球，设计更符合其认知的方案。

通过心理学研究发现，人们在浏览信息时，视知觉分配并不均匀，他们会更关注那些能够对自己形成视觉冲击或较符合自己审美的部分。因此，在阅读推广中，推广媒介界面的设计和海报的设计布局应该锁定读者群特点，找准其视觉冲击点，设计出符合该目标群体审美的宣传材料，才能引起他们的注意。研究还表明，人眼在看网络界面或者纸质页面的时候，通常是对左上角区域较为敏感，这就意味着设计者要格外重视左上角部分，重要信息集中于此，以便第一时间为受众获取关键信息。

此外，新形式的推广活动能够激励更多读者加入阅读队伍。随着网络媒体的发达，阅读推广活动能够很好地实现线上线下的完美结合，比如线上借助各种媒体手段发布活动内容、微电影、微视频等进行宣传，线下则举办丰富多彩的阅读推广活动，如经典演读、读书沙龙、以书会友、知识竞赛等。线上线下相结合既为受众提供喜闻乐见的表现形式，也为其提供了新的社交平台，以书会友，分享心得。

（四）动机理论与阅读推广

动机是在需求的基础上产生的，在心理学上一般被认为涉及行为的发端、方向、强度和持续性。动机理论就是对动机这一概念所做的理论性与系统性的阐释，20世纪50年代，马斯洛的动机理论"需求层次论"受到心理学界的普遍重视，他以追求自我实现为人性的本质。马斯洛的"需求层次"分为七个层次：生理需求、安全需求、归属与爱的需求、自尊需求、求知需求、审美需求、自我实现需求。根据人类对自尊的需求、求知需求、审美需求和自我实现的需求，必然对知识有强烈的追求心理，而阅读是最佳的一种休憩和充电的方式，对阅读推广来说，动机是促进全民阅读的关键因素。

动机的激发是指在特定情境下，使之主动参与到阅读中去，促使受众心理过程积极化，并实现价值内化。

动机理论还启示阅读推广机构注重适时、合理的奖励，以此来激励和强化受众的阅读行为，加强其阅读动机。合理的强化方式是提高受众参与积极性的重要手段，比起类似强迫阅读的特质奖励而言，精神奖励更有效且能培养受众对阅读的长期兴趣。进步可以带来强大的动力，人们喜欢不断进步的感觉，通过阅读掌握新知识或新技能可以让受众更具满足感，通过精神激励可以激发读者内在阅读动机。

三、心理学对阅读推广的启示

（一）充分把握读者心理需求

阅读推广机构是面向社会开放的知识宝库，社会的发展变化引领读者心理需求的发展趋势，不同读者因年龄、阅历、文化、职业、爱好、情趣、志向等差异具有不同的阅读心理。随着社会的发展进步，心理需求的发展趋势也会不断变化。读者的选择性体现了心理需求的个性化，因此充分把握读者心理需求，提供个性化服务，阅读推广才能取得较好的效果。

阅读推广机构针对不同阅读群体提供个性化服务可以从以下几个方面着手：服务观念从"读者服务"转向"协调，合作、共享"；服务形象从热情周到的"服务员"转变到迅速方便的"信息导航员"；服务方式上实现阅读推广机构网络化和知识信息的社会化管理，建立网络信息化保障组织体系，建立健全信息管理的规章制度和"读者数据库"，实现更大范围的信息资源共建共享；服务环境的改变则需要帮助读者缩小"信息鸿沟"，打造方便快捷、舒适活泼的阅读环境，建立积极的阅读氛围，让读者取阅更轻松。

阅读推广的前提是尊重读者的阅读需求。读者的情感要素是直接影响其阅读成效的重要因素，因此把握读者心理需求针对不同人群适时推出合适的阅读内容、提供个性化阅读服务在全民阅读推广活动中显得尤为重要。

（二）遵循动机行为生成规律

阅读动机是推动人们进行阅读活动的原因，也是人们坚持阅读的动力。动机就是目的，假如要考究每个人每次阅读的心理动因，必定五花八门。但若就其原始性动机而言，则不外乎四种行为类型：为了完成学业和应对考试，为了增长知识和启迪智力，为了科学研究和技术攻关，为了休闲娱乐和消遣时光。无论何种动机形成的阅读行为都可以形成规律，只要遵循动机行为形成的规律，阅读推广便有迹可循，逐渐形成常态化活动。

面对第一种动机行为"为了完成学业和应对考试"的读者，其共同点很大程度上受教材、教学大纲和考试指南的制约。由于其闲暇阅读的时间和精力有限，且受考试期限的限制，故此类读者的阅读心态可用一个"急"字概括，阅读推广人员可帮助其快捷地找到对口文献，迅速查到既易于理解又便于记忆的简明答案。第二种动机行为"为了增长知识和启迪智力"的读者，阅读对他们来说是终身学习的重要手段，这类读者群体数量庞大，他们对知识的需求量大，只要有助于其成长的阅读内容都可推广。第三种动机行为"为了科学研究和技术攻关"的读者，他们具有较为广博的科学文化知识和相对专深的专业技术水平，这类读者对专业方面的新知识、新发展、新技术、新信息充满着渴望和追求，在文献推广方面则需要对其课题、技术的历史和现状有较全面、透彻了解的专业推广人士进行专业推广。第四种动机行为"为了休闲娱乐和消遣时光"的读者，他们的阅读心态可用一个"随"字概括，因没有特定的目的，既会随时随地翻阅书刊报纸，也会对阅读内容不做刻意的选择，因此对其做阅读推广随意性较大。

动机能产生一定的驱动力，这种驱动力又能产生三种作用：促进作用，可以说人的一切行为都是因为由一定的动机而引发的；导向作用，动机会引导人们的行为向某一目标、某一方向发展；维持作用，当人们行为的目标为获得满足时，动机会长时期保持其驱动力，并鞭策着人们继续朝着预定的目标努力。

（三）适时建立良好的人际关系

阅读推广过程中，良好的人际关系取决于推广机构和受众双方在阅读推广活动中是否取得各自的需要，以及交往中各自的满足程度。如果受众在阅读活动中获得了良好的情感体验，就会自然缩短受众与阅读推广人的心理距离，激发其阅读积极性；反之，则会拉大彼此的心理距离，使受众产生抗拒心理。良好的人际关系都是建立在尊重和友善的基础之上，站在受众的角度满足需求，能够改变受众的消极心理，增强信任度，激发顺应性情感，利于双向沟通，为阅读推广活动的顺利进行打造好的开端。

在全民阅读推广活动中，推广机构应该运用不同的交流策略与不同年龄、偏好、背景的读者展开交流，通过沟通交流使大众读者能够清楚地明白推广活动的目的、内容、安排等具体信息；同时推广者也应是优秀的倾听者，通过倾听理解读者的阅读期望与困境，并在此基础上，有针对性地转变读者的阅读态度，培养其阅读习惯，改进其阅读技巧，引导其摸索出适合自己的阅读模式，从而融会贯通地开展独立、自定步调的阅读。

阅读推广的使命是将有意义的推广内容渗透到受众的思维和感觉中去，给予他们影响，帮助他们认识书的价值和阅读价值，增强对阅读的兴趣和动机，让他们学会读书、热爱读书。

第三节　基于教育学的阅读推广

教育是人类延续的关键因素，是民族解放的思想武器，是社会进步的不竭动力。可见教育对民族发展的重要性，儿童教育的成功更是社会进步的起点，是民族强大的根基。

人类的教育活动同传播活动一样，是随着人类社会的诞生而诞生的，人类社会的发展史同时也是一部教育发展史。

阅读推广是教育普及的一种特殊形式，它为全民提供免费的教育信息和教育资源，在阅读推广面前人人平等，人人都可以自由地接受它的洗礼、享受它的熏陶。虽然阅读推广不同于学校教育，但它对全民的发展具有同样重要的教育意义，如果能够在实践中科学地运用教育学原理进行指导，有助于深化阅读推广的教育职能。

一、阅读推广的教育功能

今天，人类已步入智力密集型的信息时代，社会对人的素质提出了更高要求，大量优质人才的需求与教育实力的薄弱之间存在巨大的剪刀差，它只能靠阅读推广这类的社会教育机构来弥补。由此可见，阅读推广机构担任的社会教育任务是何等的繁重而光荣。

功能就是作用的意思，教育是培养人的社会实践活动，"教育的功能就是教育的作用，是指教育对个体发展、对整个社会系统的维持和发展所产生的作用和影响。"阅读推广的教育作用主要体现在三个方面：科学知识传播、道德心灵教化、人文素质培育。

(一) 科学知识传播

阅读推广作为一种倡导阅读的有益活动，它为大众读者提供了形式各异的阅读方法，培养了阅读兴趣、指明了阅读方向、提升了阅读素养，是扩大知识传播的重要手段，是丰富人类精神生活的重要方式。阅读推广在激活大众阅读主动性、改变阅读低迷局面方面做出了不懈努力，不仅满足了人民群众日益增长的阅读需求，促进了古今中外阅读理论和阅读实践的深入传播，还加强了国家文化软实力和文化安全的建设，提升了中华文化在国际上的影响力，将全民阅读活动推向了一定的深度和广度。

(二) 道德心灵教化

读书可以清心明志、陶冶情操、净润灵魂，可以美化心理品格，提升人生境界，加速成功步伐。阅读，是依靠信息素养、知识品质和文化趣味来获得精神品质的一种生活方式，它是人类心灵的净化师、人类灵魂的工程师。阅读推广承担着对社会道德的宣传、传统美德的弘扬，无形中影响着人们的情感态度、意志品格和言语行动，引导人们走向真、善、美。阅读推广的有效进行，会让更多的读者享受心灵的洗涤、气质的升华、人格的净化。

(三) 人文素质培养

阅读是人们学习知识的最根本途径，通过阅读可以发展智力、提升技能。一个人的阅读能力和阅读水平直接影响着他的成长过程，关乎其对社会的贡献程度，甚至决定了一个民族的基本素质、创造能力和发展潜力。一个民族的发展壮大需要文化认同和共同的价值理念，而共同的价值理念是建立在这个民族共有的优秀文化之上的。这些优秀的传统文化是民族进步的最基本的价值核心，具有价值引领和导向的作用。文化的传承急需阅读推广这样一个普遍存在的机构来普及阅读，完成文化传播、提升全民素质的使命。阅读推广对全民阅读力的激发具有积极促进的作用，它是知识传播、人才培养、文化创新、科学创造的必经之路，是一个民族长盛不衰、永葆青春活力的力量源泉。

二、基于教育学的阅读推广策略

（一）坚持价值导向

阅读是文化传承的重要手段，传播优秀文化则需要我们坚持正确的价值导向。所谓"价值导向"，指的是社会或群体、个人将某种价值立场、价值态度以及基本价值倾向确定为主导的追求方向。任何一个社会的发展都离不开正确的价值导向。阅读推广坚持正确的价值导向、提供优质的阅读内容是社会健康发展的前提。

阅读推广工作要以客观的态度与职业素养为基础，推广人犹如伫立于学海中央、照亮各方的灯塔，赋予所推荐的文献以光芒，推广人应保持谦卑之心和对智慧的尊重，以职业心态发挥推广的教育职能。阅读作为非职业教育的组成部分，它能让人增长见识、改变思维、净化心灵、陶冶情操。但当前，随着电子资源的不断丰富，阅读资源呈现种类繁多的同时，也存在阅读质量参差不齐的现象。因此，在阅读推广过程中，对阅读推广者有更高的道德要求，他们必须有辨别是非的能力，尽可能摒弃包含落后、陈腐、功利、平庸、奢靡等不符合社会认可的价值观的作品，选择符合社会主义核心价值观的优秀文献进行宣传推广，对大众读者的价值取向和行为特征发挥正向规范、引导的作用。

（二）引导深度阅读

随着信息社会的迅速发展，网络的普及、快餐文化的传播、传播媒介的改变深刻地影响了人们的阅读观念和思维方式，大众阅读在走向多样化的同时走向了浅表化：快餐式、浏览式、随意性、跳跃性、碎片化，它符合大众流行文化的一切基本品质，迅速享用、迅速愉悦然后迅速抛弃。作为提升全民素质的重要推手，阅读推广必须站在社会进步的角度，以明确的目标、特定的意图、正确的价值导向、严谨的知识结构、完整的内容体系、相应的内容深度来普及全民教育，引导深度阅读。

营造良好氛围，吸引大众阅读。阅读虽说是一种主观活动，但客观环境对人们阅读心理的影响也是不容忽视的。因此，努力营造宁静、开阔、清新的环境，读者才能聚精会神、专心致志地读书治学。

介绍阅读方法，引领深入阅读。书要多读、深读、重读、研读才会有新的发现，厚积而薄发。这就要求读者逐字逐句地研读，要查阅资料融入思考地读，如此才能通过阅读实现自我提升、自我创新。

加强权威推荐，促进图书导读。采用权威推荐，组织邀请专家根据读者对象、学科领域、阅读目标、阅读兴趣的不同编制不同的导读书目，引导全社会的阅读工作；积极开展书评，指点得失、品评高下的书评对大众读者正确选择书籍、提高阅读效率、深入解读作品、提升阅读水平都大有裨益；推荐经典阅读，经典名著是古人智慧的精髓及文化的宝藏，在文化传承、塑造人格和涵养智慧等方面不可替代。深度阅读不是全盘复古，而是对古典名著精神的批判性继承，引导大众在经典阅读中开阔视野、活跃思维、提高修养。

利用各大节庆，拓展阅读活动。充分利用时间节点开展丰富多彩的阅读活动，抓住各大节庆，如国家节庆、国际节庆等，组织图书联展、公益讲座、作家签售、经典诵读、知识竞赛等，吸引大众读者参与读书活动，不断培养读者深入阅读的兴趣和在阅读中思考的习惯。

（三）因人因材施教

因材施教原则应用至阅读推广活动中则要求推广主体要根据受众的实际情况、个别差异与个性特点进行有侧重的宣传推广，使每位读者都能根据自己的兴趣找到自己所喜欢的读物，或者是有效帮助一些受众找到阅读兴趣，爱上阅读。开展阅读推广工作要关注读者的阅读需求，加强与读者的沟通，帮助读者实现有效阅读。比如从高校图书馆的阅读推广来看，可以通过以下几个途径实现有效推广。

从读者兴趣、专业阅读需求来配置和推荐文献，而不是单纯以现有文献的阅读量、畅销书情况作为推荐依据，推荐的文献需要通过学科专家的认同，或由学科专家提供推荐意见，这样推荐的文献才有被读者不断传阅的生命力。

提供个性化的阅读服务，比如根据大学生专业学习、留学、考研、求职等需求，制作相关的阅读推荐内容，对图书馆读者借阅数据进行数据挖掘，提供相关的书目，并注意收集读者的阅读反馈，长期与学生建立阅读联系。

树立品牌意识，重视宣传。很多图书馆花费大量人力、财力策划读书节等活动，但对活动的宣传不够，持续性也不够，导致活动流于形式。品牌的树立除了需要图书馆自身的努力，还需要得到学校相关部门的支持和协同经营，比如和学校学生处、学校相关社团的活动密切结合，配合相应的阅读评价措施，比如引入大学生读书学分等，使图书馆阅读教育的品牌根植于校园的每个角落，将阅读精神植入大学生血液。

（四）循序渐进推广

成功是一个化整为零、循序渐进的过程，并非一蹴而就。循序渐进就是按照一定的顺序、步骤逐渐推进，是教育学中一个重要的教学原则。教学注重顺序性、逻辑性，宋朝著名的教育思想家朱熹对教学曾提出这样的要求："循序而渐进，熟读而精思"，如果教学不按一定顺序、杂乱无章地进行，就会干扰学生的思想使其陷入混乱而没有收获。事物的发展都是一个循序渐进的过程，切不可操之过急，阅读推广也不例外。阅读推广活动要有顺序地、系统地开展，否则难以达到培养大众读者兴趣、提高阅读能力的效果。

第一，制订完备的阅读推广长期战略规划和年度推广计划。长期战略规划是为远景目标提供现实可行的思路、方法，对远景目标的实现具有指导意义。而计划是实施战略规划的必要途径，年度推广计划是促进读者受众短期和近期阅读目标实现的具体措施，是阅读推广的纲领性文件。

第二，阅读推广的内容、方法、进度要遵循目标群体的心理发展序列，顺应受众的发展水平，以使受众有秩序地、系统地、逐步地掌握阅读推广所传递的信息。比如对儿童的阅读推广，要在儿童发展的最适宜的年龄阶段采用最适合儿童年龄特点的推广方式和推广内容，才能最大限度地促进儿童的身心健康、和谐发展，从而实现教育的优质、快速和高效。

第三，阅读推广要由浅入深、由简到繁地进行。这是循序渐进应该遵循的基本要求，也是行之有效的宝贵经验。阅读推广如果不顾受众的循序性，盲目追求速成，跳跃式前进，必定导致"欲速则不达"的失败后果。阅读推广还要有所重点地进行，不可眉毛胡子一把抓，应围绕重点对受众进行启发诱导，开展讨论交流，吸引受众注意，激发他们学习的积极性。

第四节 基于建筑学的阅读推广

在当今这个倡导全民终身学习的社会中，阅读推广便成了必不可少的重要工作。图书馆，作为学府、社区、城市的文化中心，具有丰富的馆藏资源，良好的阅读设施，浓郁的书香氛围，理所应当地在推动全民阅读中扮演重要角色。

与以往不同，数字化背景下的读者对图书馆的需要从信息内容延伸至信息的获取方式，从原来"量"的需求发展到"质"的提升，即"悦读"——不仅要求图书馆能够准确地提供自己所需的信息，更需要在信息获取过程中获得一种愉悦的心理体验。这个质的变化，使得图书馆在阅读推广的工作开展中，除了传统意义上的推广活动，还应考虑其空间氛围的营造。这就在建筑学中开启了新的疑问之门——如何完美地构建阅读推广空间。

一、建筑空间的阅读推广意义

阅读推广是图书馆与读者之间的初次对话，且图书馆作为主体，是提供需求的一方，利用其空间特性，更好地为读者服务是其使命。留心生活，不难发现这与超市营销殊途同归。我国于20世纪80年代从国外引进超市这一零售经营方式，在这发展的30多年历程中，涌现了很多市场营销相关理论，如4P理论（后演进为10P理论）、4C理论、4S理论以及STP理论等等。

对于图书馆的推广，笔者认为可以总结为"5P模式"，即"Place"（特定场所)、"Probing"(探查)、"Parting"(分组)、"Position"(定位)、"Product"(产品)"。下面将结合 5P 模式阐释建筑空间的阅读推广意义。

(一) 传播图书文献信息

如同日常生活中在超市购物一般，在临近超市时就会深深感受到其促销氛围，实际就是超市的商圈，即 5P 中的"Place"，而在入口处进入眼底的是超市的宣传海报或展板，它们是商家针对顾客的探针，传递着超市的特卖讯息，即"Probing"。同理，图书馆阅读推广空间也有类似功能的子空间，它们是人流的集散点，或是图书馆入口的宣传站点，或是进入大厅的移动宣传栏，又或是某个视线交汇点的 LED 屏幕，等等，都在不遗余力地向读者传播图书文献信息，以期吸引读者接收。

(二) 吸引聚集读者受众

图书馆阅读推广空间在进行了前提条件的设定后，紧接着便是考虑吸引聚集读者受众。正如超市最初的那张宣传海报，开始是信息梗要，阅读推广空间的第一步宣传也是如此，紧接着便是在适宜空间分类图书信息，即 5P 中的"Parting"，如开架阅览室内整齐排列的书柜。读者在此时会有一次激烈的思想对抗，开始结合自身状况思考推广的图书的价值。换言之，图书馆的信息分类，已经成功吸引并聚集读者受众，这也是阅读推广这项实验的必要物质条件之一——A。

(三) 留驻读者读书阅览

在吸引聚集的同时，阅读推广空间还会构筑适宜的环境留驻读者读书阅览，也就是这项实验的必要物质条件 B。针对不同需求的读者，迎合其兴趣点，提供不同的图书推广宣传栏，并设置可以就地阅读的设施，如阅览桌椅、休闲沙发等，即"Position"。

(四) 营造温馨的书香氛围

超市在留驻顾客后，便开始营造愉快的购物氛围，如贴心的导购会详细标明各种优惠信息，同种货物不同品牌相近搁置，以便顾客对比购买，为带有婴儿的家庭备用婴儿车等等。与其如出一辙，图书馆阅读推广空间也会营造温馨的书香氛围，令阅读成为一种生活享受，如可供即时翻阅的桌椅，精心的室内环境颜色的搭配，灯光调适等，令读者流连忘返，对选择的书（即 Product）爱不释手。此时，便完成了这项实验，在系列条件下，生成 C。

二、阅读推广建筑空间系统

《建筑学经济大辞典》中对"系统"解释为：由相互联系、相互依赖，具有同一目标，共同的生存条件和运动规律的若干组成部分结合而成的具有特定功能的有机整体，且这个有机整体又是它所从属的一个更大系统的组成部分。由此可推出阅读推广建筑空间系统便是各类建筑空间以阅读推广为目的，相互联系、相互依赖，相互结合而成的有机整体。由于阅读推广空间的新生性，与其他传统空间错综交融，下面将从图书文献信息传播空间、图书文献信息查询空间、专题图书推荐展示空间、图书分布导识引导空间以及阅读推广活动空间五个二级系统对其做详细论述。

（一）图书文献信息传播空间

图书文献信息传播空间是在传统图书馆空间中藏书空间、阅览空间、公共活动及辅助服务空间内的新生空间系统。对于藏书空间，其基本书库、特藏书库、密集书库、阅览室藏书本身即是图书文献信息的传播源，并为此传播行为提供空间条件。对于阅览空间，无论是珍善本阅览室、舆图阅览室，还是普通阅览室，抑或是电子阅览室，都是该系统空间的重要组成部分。而对于公共活动及辅助空间，其门厅、陈列厅、读者休息室、读者服务室等都能衍生图书文献信息传播的功能，故也是此系统的组成部分。

（二）图书文献信息查询空间

图书文献信息查询空间主要是指检索空间，通过图书馆的检索工具，或是图书馆员的帮助，查询目标书籍的所在地，以便读者高效阅读。

（三）专题图书推荐展示空间

专题图书推荐展示空间是主要分布在传统空间中的阅览空间、藏书空间以及公共活动及辅助服务空间。阅览空间和藏书空间内可单独设置专题图书推荐展示栏，而公共活动及辅助服务空间中门厅、陈列厅等也可做此类功用。

（四）图书分布导识引导空间

图书分布导识引导空间大多在藏书空间和阅览空间中，是为方便读者查阅目标书籍的具体所在地而延伸的一种新型空间。它是读者在图书馆内的指南针，对于提高阅读效率有着重要作用。

（五）阅读推广活动空间

阅读推广活动空间是指图书馆开展的真人图书馆活动，如请某位作者与读者受众面对面交流，或在大厅内举办某次书画比赛的成果展，故而此类空间一般附着在公共活动及辅助服务空间中门厅、陈列厅、报告厅等。

三、阅读推广建筑空间设计

谈及空间设计，首先应充分理解空间的含义。即人们建房、立墙、盖顶，而真正实用的却是空的部分，围墙、屋顶为"有"，而真正有价值的却是"无"的空间；"有"为手段，"无"方为目的。那么所谓建筑空间设计，便是着重考虑这"无"的部分。

基于以上对阅读推广建筑空间系统的认识，接下来，便以建筑学的视角，从宏观到微观，由概念到具体地来阐述这"无"的设计要素。

（一）空间系统组合

对于传统的图书馆建筑空间布局，彭一刚大师曾将其归纳为以广厅直接连接着各使用功能空间的模式，即以目录、出纳厅为中心，并通过其与门厅、书库以及各主要阅览室保持直接或密切的联系，此处目录、出纳厅与大厅相似，不仅是连接各主要使用空间的中心，也是人流交通的枢纽。由此足见大厅空间的核心作用。同样，在阅读推广建筑空间中，大厅空间也堪称其心脏空间。

"一心"为大厅中的阅读推广空间，"四核"为藏书空间、阅览空间、交通空间、公共活动及辅助服务空间和检索空间中的阅读推广空间。

(二) 单一空间功能

有了对阅读推广空间系统组合的宏观认识，接下来开始逐一探讨这些不同层级的阅读推广空间。

1. 一级阅读推广空间

大厅，作为一级阅读推广空间，是读者对图书馆的第一印象，在此精心布置设计，力求通过图书文献信息的传播，吸引聚集读者并给予其阅读的初步指引。

2. 二级阅读推广空间

二级阅读推广空间主要指交通空间，即连接一级和三级阅读推广空间的纽带空间，以廊道为主的水平交通空间和以楼梯为主的垂直交通空间。

凡对一级阅读推广空间产生正面效应的读者都将步入二级阅读推广空间，故而这类空间应给予读者继续的指引，尽可能避免途生异景，使得读者半路放弃。提到走廊空间，不由得想到画廊，画家在筹办画展时，对于廊道颇费心思，他们会从参观者的角度考虑，将要展览的画根据其含义精心编排组合，从而刺激参观者的眼睛和大脑，引领他们步入打造好的世界。作为一种线性空间，图书馆在其中适量选择图文信息，整理编排，感染读者，最后引导其进入设定好的书香文化氛围，驻足阅览。

3. 三级阅读推广空间

三级阅读推广空间指的是图书之旅的留驻空间，主要包含藏书空间、阅览空间、公共活动及辅助服务空间和检索空间。这一层次的阅读推广空间应着重营造阅读氛围，为读者提供舒适的阅读环境。

(三) 阅读推广空间环境设计

阅读推广空间环境设计应利于阅读推广的开展，对于不同层级的空间，有着不同的特质，故而，下面将分门别类地探讨其环境设计。

1. 大厅空间

作为阅读推广中的核心空间，大厅是读者最早接触的图书馆室内空间，需要向读者传达精练的阅读信息，感染聚集读者。它常以点状空间和流动空间两大空间类型开展阅读推广活动。点状空间是指大厅中的图书推荐平台；流动空间是指根据活动需要而设计的可变空间，可拆卸、可移动、可重组，形态多变，色调多样，可用来做图书信息展览，也可做提供探讨交流的场所。

2. 交通空间

交通空间即为可休憩可交往的空间，发生在其中的交往行为一般不会很长，但却深深影响着读者的身心。

作为阅读推广的纽带空间，无论是水平的廊道空间，还是垂直的楼梯空间，都是导向性较强的线形空间，都是图书馆中交往活动较频繁的地方，连接图书馆内部各个功能空间，使读者与图书馆的交流活动具有整体性。

廊道空间是空间转换的有效手法，也是阅读推广的过渡地带。但目前国内部分高校对它的利用并不是很理想，更有甚者，让读者有乏味、压抑之感，以致匆匆走过，或不想步入。显然，这不利于阅读推广工作的开展。那么如何使其正常发挥阅读指引的过渡效应呢？首先，在灯光设计上，不应太过昏暗。大多图书馆重视阅览室内的照明状况，却对交通空间忽视太多。其次，在廊壁上布置具有文化气息的艺术品，如壁画，使得原本枯燥的空间变成交往氛围浓厚的空间。再者，对于有条件进行改造的图书馆，还可以局部拓宽廊道空间，在适当的地方加以曲折、高差处理，挑出阳台或局部形成一个较大的空间，使得廊道空间收放自如，吸引读者阅读浏览。柏林自由大学图书馆内的曲线挑台，既能作为回廊，又创造性地将曲线的书桌与其合并，供读者学习交流。楼梯空间也可做阅读推广的有效空间，但为了不影响交通而又满足读者驻足交谈，常加宽楼梯或局部放大，为读者提供休憩交流场所。

3. 藏书空间

藏书空间有基本书库、特藏书库、密集书库以及阅览室藏书四类，阅读推广空间在其中的表现形式大多是图书推介信息栏，常与服务台相邻，以便读者入门即观，大致分布情况为三种：环绕式、毗邻式、相对式。

4. 阅览空间

此处将阅览空间作为普通阅览空间、珍善本阅览空间以及电子阅览空间解读，以便研究探讨其阅读推广功用。

首先，可直接在各阅览室入口处设置推介信息栏，便于读者了解最新动态，各取所需。尤其对于珍善本阅览空间，还应提供必要的自助设备便于读者对所需资料进行扫描、复印、编辑、转移等工作处理，便于借阅。而对于电子阅览空间则应在欢迎界面对读者进行有效指引。

其次，阅览空间中不同开口位置对读者之间的接触颇有影响，两个中心距离相等的房间，若开口相对，两者间的可交流性最大；而开口相反，两者的可交流性最弱，故此，在阅览空间总体布局时，应缩短读者移动的距离，便于空间的交流，推动阅读推广的开展。

再者，基于人性化的考虑，阅览空间的界面不应太过僵硬，给人以生硬冰冷之感，如传统阅览空间中起着围合限定之用的实墙，若代之以玻璃墙、绿化等软质材料，会增添空间的舒适感，促进阅读推广。

5. 公共活动及辅助服务空间

此处公共活动及辅助服务空间主要是指图书馆的边庭空间、读者服务部以及类似书吧的休闲空间。在阅读推广活动中，这三大类空间也扮演着重要角色。在图书馆的边庭空间中，可根据需要设置具有特定主题的文化展览；或者设立图书漂流站点；也可设置桌椅，供读者随意阅读；而读者服务部中，主要依靠图书馆工作人员对读者进行指引导向；在休闲空间中，一杯香茗、一纸图书，可使读者身心愉悦，留恋阅读的快乐。

6. 检索空间

检索空间是图书馆的重要功能使用空间，它的服务质量直接影响读者的阅读效率，否则，即使开架，读者也很难在书海中找到所需。此类空间可在图书馆中单独设立，也可将其散布在读者必经的路线上，如大厅空间、阅览空间、藏书空间、交通空间等其他功能空间中。单独设立即用限定性强的空间围合，具有较好的私密性和明确的领域感。无论是哪种设置手法，可在检索机器的旁边进行阅读导向工作，如海报。

(四) 空间系统设施

在现代图书馆中，多媒体、计算机及其网络系统的使用已成为重要的部分。如在阅览空间中，应注意网络布线系统、计算机及现代设施、电源插座等各类设施的布置，满足读者自带笔记本、手机、iPad等终端设备的需要。

综上所述，阅读推广的理论体系离不开传播学、心理学、教育学和建筑学的指导，传播学的推广方式、心理学的兴趣需求、建筑学的空间引力、教育学的立德思想无不为阅读推广奠基。

第四章 阅读推广工作机制

第一节 阅读推广机制体系

党的十八大以来，全民阅读与阅读推广不断出现在社会各个组织层面，并在家庭教育、能力提升、人才培养、修养心灵等方面日益显现出巨大发展空间，国内外越来越多的阅读推广组织不断发展成熟，阅读推广项目的影响力日趋扩大。与此同时，越来越多的阅读推广组织开始意识到如何创新组织体制和制度，发展出与市场环境相融合的运行体系是新环境下现代阅读推广组织亟待解决的问题，本章围绕阅读推广工作机制，对阅读推广的工作体系构成与运行机制进行了探讨。

一、机制构成

阅读推广工作不是一项简单的活动，也不是某个机构独立从事的一项工作或项目，而是覆盖于全社会不同阶层、不同年龄的人群中的一个复杂机制体系，是阅读推广组织、制度、保障、规划、决策、实施、评估的总和。其中组织是阅读推广的主体，是阅读推广工作的推动者；制度与保障是阅读推广工作持续、有效开展的基础；规划是阅读推广工作开展的前提；实施是阅读推广工作开展的过程；评估是对阅读推广工作开展的效果与影响力的评价，循环作用于阅读推广的规划与实施，促进阅读推广工作效果的持续上升；决策贯穿于阅读推广全过程，在活动的高效开展与正确评价中起着决定性作用，也是组织健康运行的关键环节。

二、机制运行

阅读推广工作机制的有效运行,是一个螺旋上升的过程。第一,要确保组织或组织合作发展与阅读推广制度的高效融合,一方面加强组织内或组织间的相互协调配合,全面调动各部门或机构力量,建立合作网络,发挥组织作用;另一方面,通过对运行效果的正确评估,进一步完善阅读推广工作体系,健全阅读推广工作机制,使阅读推广工作运行有据可依,推进和规范阅读推广活动的持续开展。第二,阅读推广机制的运行要以阅读推广的目标体系为核心,其规划实施要在充分调研目标人群的阅读现状与阅读需求的基础上,深入挖掘阅读推广内容,同时结合现代信息技术,创新阅读推广形式,最大限度地调动阅读推广目标人群的主观能动性,深化阅读推广效果,实现阅读推广目标。

三、机制建设

近年来,我国关于阅读推广的研究越来越多,但大多集中于阅读推广的意义、对策、新途径以及国外与国内发达地区阅读推广活动的案例研究,对阅读推广机制体系或机制建设的研究不多。有研究者认为,阅读推广机制的建设可从组织机制、长效机制、合作机制、品牌机制、评价机制等几个方面入手,构建起一种顶层阅读推广与基层阅读推广相融合,日常阅读推广与阅读推广活动相结合的机制体系。

从阅读推广机制体系的构成与运行来看,阅读推广机制体系的建设主要包括三方面:一是阅读推广的组织运行与合作交流机制,包括不同类型阅读推广组织的工作模式,以及组织间的合作交流模式;二是阅读推广的制度支持与保障协调机制,即不同类型、不同层级的阅读推广组织所建立的阅读推广制度;三是阅读推广的效果评估与评价反馈机制。由于阅读推广机制体系构成的复杂性,其建设过程具有长期性、阶段性与递进性,需要在阅读推广实际工作过程中,不断夯实完善。

第二节　阅读推广组织及保障机制

一、阅读推广组织

随着全民阅读在社会发展中影响的日益深化，阅读推广逐步融入政府、图书馆、大众媒体、出版单位等机构的组织意识，并促使这些组织逐步发展成为阅读推广的中坚力量；同时，随着新媒体技术越来越深地渗透至人们的阅读生活，个人图书馆、网络读书会、阅读推广应用等民间力量日渐繁荣，对丰富阅读推广的组织形态，完善阅读推广的组织发展起到极大的促进作用。

阅读推广组织是阅读推广活动的重要领导者、促进者和实施者。笔者通过归纳各国阅读推广组织的活动案例，结合组织管理理论，按主导力量的组织形式，将阅读推广组织分为机构主导型阅读推广组织和社会力量主导型阅读推广组织两个大类。

（一）机构主导型阅读推广组织

此处所说的机构主导型阅读推广组织主要是指由政府或专业机构主导的阅读推广组织。

由政府主导的阅读推广组织，主要是指国家及地方各级政府所属的文化、宣传及教育机构。这类组织在国家政策指导下，对强化阅读意识、提升阅读能力提供宏观政策与指令，对其他各级阅读推广组织有引导作用。政府组织因其权威性、法制性、社会性，在引领阅读推广中起着无可替代的重要作用。

1. 各国政府的阅读推广

因国情及发展历程的不同，各国政府参与阅读推广的形式、深入程度也不同。英、美、日等发达国家政府主要采用国家立法或立项、颁布系列纲领性文件等形式促进阅读推广。比如美国政府的阅读推广工作主要由教育部及相关机构负责推动，以教育为手段，引导、促进各基层组织实施阅读推广，并将阅读推广作为一种强制性的教育目标实施。1997年,我国宣传部、文化部、国家教委、科委、新闻出版总署等九个部委共同发出了《关于在全国组织实施"知识工程"的通知》,提出了"以倡导全民读书、建设阅读社会"为主题的"知识工程",这是一项以发展公共图书馆事业为手段,以倡导全民读书、传播知识、推动社会文明与进步为目的的社会文化系统工程,是中国政府对全民阅读提出的一项具有时代意义的纲领性文件。三年后,全国知识工程领导小组把每年的12月确定为"全民读书月",自此,全国各地的阅读推广活动呈现出日益丰富多彩的局面。

2018年1月1日,《中华人民共和国公共图书馆法》正式在全国施行,这是我国国家层面公共文化领域的第一部专门法律,是为了加强公共图书馆管理,推进公共图书馆事业的发展,较好地保障人民群众的公共读书阅览权利而制定的法规。它明确指出公共图书馆是社会主义公共文化服务体系的重要组成部分,应当将推动、引导、服务全民阅读作为重要任务。

2. 专业机构主导的阅读推广组织

所谓专业机构主导的阅读推广组织,主要指那些在图书出版发行、信息资源收集、存储与管理、阅读指导等工作中拥有一定专业性的组织,包括图书馆、专业非营利组织、出版机构及书店等企业组织。此处所说的图书馆特指由政府出资兴建的图书馆,包括各地的公共图书馆、高校图书馆、科研院所图书馆。这类图书馆大多拥有丰富藏书,属于专业化服务程度较高的文化基础设施。

在众多专业机构主导的阅读推广组织中,图书馆和一些指导性较强、影响力较广的非营利组织,是这类组织的核心成员。

推广阅读是图书馆的天职,无论是美国、英国、日本等发达国家,还是中国、印度等发展中国家,图书馆都是本国阅读推广的主力。图书馆不仅是阅读推广活动的策划与组织实施者,同时也是阅读推广研究的主体。

非营利阅读推广组织,即其活动取向是为特定的社会人群提供某种服务,但并不追求利润(如果有利润的话)的最大化,其投资者也不能通过利润分红的方式获取投资回报。这类组织是存在于政府组织与企业组织之间的第三类组织,它们的组织结构不同于政府组织,在人员任用、资金筹集、内部管理和组织活动等方面相对独立，拥有独特的社会价值和社会资本，强调组织的自治性与公民参与的自愿性；与政府运作的等级权力原则不同，为提高组织的运作能力，非营利组织以灵活、平等、松散的组织结构为主，包括国际组织、基金会、学会、协会等机构。从组织形式来看，这类组织多属于社会组织，但因其在行业发展中的领导地位，又不同于普通意义上的由社会力量主导的阅读推广组织。他们中的成员大多来自专业机构的专业人员，比如我国的阅读推广委员会，隶属于中国图书馆学会，其组织成员来自图书馆及相关行业或科技工作者，是全国阅读推广工作发展的专业领航员。在我国，某些非营利组织是由政府的职能部门转变过来的，或者是由政府部门直接建立的，它们在组织、职能、人事、活动方式和管理体制等多方面仍依赖政府，甚至是作为政府的附属机构发挥作用，接受政府的指导考核，为地方或区域的阅读推广事业发展制定准则，提供前瞻性的事业发展方向。

无论何种形式，专业的非营利阅读推广组织都应当是帮助政府实现行业高效管理、促进行业蓬勃发展的重要力量。实际上，非营利组织的有效运转与快速发展，与其跟政府之间能否搭建起良性互动平台有着密切关系，尤其在阅读推广这种面向大众展开的活动中，这一因素对组织目标的实现具有非常重要的现实意义。

（1）国际组织。

联合国教科文组织和国际图书馆协会联合会（简称国际图联）是指导全民阅读的两支主要国际组织力量。

联合国教科文组织是联合国旗下的专门机构之一，主要设大会、执行局和秘书处三大部门，是各国政府间讨论关于教育、科学和文化问题的国际组织。该组织自成立之始就倡导和组织了诸如扫除文盲、全民教育、终身学习等涉及阅读推广的很多活动，并以提出指导性方针政策的方式，引导阅读在全球的推广，在国内知晓度较高的"4月23日世界读书日"，便是由该组织于1995年在第28次大会通过确立的决议。

国际图联是联合各国图书馆协会、学会共同组成的一个机构，是世界图书馆界最具权威也最有影响的非政府专业性国际组织，其主要机构是执行委员会和专业委员会，其工作侧重于制定图书馆行业服务标准，以更好地落实阅读推广活动的效果。

（2）学会、协会。

各国各级图书馆学会、协会是促进阅读推广区域化发展的中坚力量。

①中国图书馆学会。

中国图书馆学会成立于 1979 年 7 月。该组织的组织层级清晰，设有全国会员代表大会、理事会、常务理事会三级组织，分支机构 17 个，其中委员会 5 个，分会 12 个，吸引了一批专家学者和图书馆工作者参与学会分支机构管理，共同推动事业发展。2004 年起，该学会带动中国全行业积极参与"世界读书日"的宣传，促进各级组织及行业通过举行阅读活动来推广阅读。2008 年，中国图书馆学会将"促进全国阅读"写入《图书馆服务宣言》，为阅读推广提供行业指导。

②美国图书馆协会（ALA）。

ALA 是美国图书馆界的专业组织，是世界上最大的图书馆协会之一。该协会下设 11 个部门、15 个协商会议、21 个专门的图书馆协会和 51 个州或地区分会等。此外，ALA 还设有会员发展小组、ALA 学生分会等。ALA 积极推动丰富多彩的读书项目，并提出阅读从出生开始计划，以及一系列阅读建议指导亲子阅读，培养孩子阅读兴趣，促进该计划在全国范围内的实施。

③英国阅读社（The Reading Agency）。

英国阅读社是一家以鼓励人们阅读、分享阅读体验为目的的慈善机构。该组织信仰阅读改变生活，并通过开设阅读课程、启动阅读计划、寻求项目伙伴等方式为儿童、青少年、成人等各个年龄阶段的人们提供阅读指导。自 2002 年成立以来，该组织已启动了 10 多项影响较广的阅读项目，包括 2005 年发起的面向儿童的"夏季阅读挑战"，该项目启动后，受到广泛关注。到 2015 年，至少已有 76 万名儿童参加该计划。

（3）基金会、理事会。

①德国促进阅读基金会（Stiftung Lesen）。

德国促进阅读基金会于 1988 年成立,是一项国家级的政府项目,其任务是通过调查研究、政策建议等多种形式,提升国民的阅读和媒体素养,改善经济支持框架。该组织通过与社会各界的广泛合作来宣传阅读文化、唤醒阅读意识、树立阅读理念、促进阅读发展,是德国 200 多个阅读推广组织中最著名且有卓越成效的一个。2007 年,该基金会同联邦德国教育与研究部联合发起了德国早期阅读推广领域内规模最大的活动项目——"阅读起跑线",旨在为所有的儿童提供均等的教育机会。

②新加坡国家书籍发展理事会(National Book Development Council of Singapore, NBDCS)。

新加坡国家书籍发展理事会于 1969 年 2 月正式成立,主要推动讲故事、阅读、写作和出版。该理事会通过展览、评奖、教学课程、研讨会、讲座等形式,将图书行业与文学界更加紧密地联系到一起,为新加坡的文化发展营造一个良好氛围。

(二)社会力量主导型阅读推广组织

在现代信息技术飞速发展的今天,一批热心于建立特色图书馆、儿童绘本馆、读书分享会,以及自媒体应用的社会阅读推广力量开始涌现,并逐步发展成为阅读推广组织的中坚力量。其活跃程度,直接影响着阅读推广效果,是各级阅读推广工作得以有效推进的重要保障。这类组织的组织形式更加灵活,推广内容更加专业、深入,面对的对象在专业认知、年龄层次、文化水平等方面存在共性或有着共同的目标追求。近年来,随着互联网的发展与新媒体的应用,这类组织已逐步成为一种新兴的社会文化表象。

1. 民间图书馆

民间图书馆是指非政府力量创办的公益性图书馆,主要包括非营利组织、企业、个人等出资创建的图书馆。2012 年 6 月,文化部发布《关于鼓励和引导民间资本进入文化领域的实施意见》(文产发〔2012〕17 号),明确提出"鼓励民间资本捐建或捐资助建博物馆、图书馆、文化馆、美术馆等公共文化基础设施,引导和鼓励民间资本通过捐助机构、资助项目、赞助活动、提供设施等形式参与公共文化服务。""采取政府采购、项目补贴、定向资助、贷款贴息、税收减免等政策措施，引导民间资本投资兴建民间文化馆、图书馆、博物馆、美术馆等文化设施"。2000年后，城市里民间图书馆开始大量涌现，陆续出现了学人自办的私人图书馆、连锁扩张的加盟图书馆、俱乐部式的会员图书馆、面向儿童的绘本图书馆、特定群体的专业图书馆、网上图书馆。这些民间图书馆在组织运行上，较其他类型的图书馆更加丰富自由，其中以会员制方式运行的较多，比如老约翰绘本馆、文泽尔的图书馆等。民间图书馆的繁荣在一定程度上缓解了我国公共资源不足、配置不均衡，公共文化服务失衡的问题，同时因其运行方式的便利灵活，内容提供方式的多样化，加快阅读渗透至人类认知意识的速度，逐步改变了人们的生活方式。

2. 读书会

我国自古便有"以文会友"的传统，中国民间阅读组织的早期形态可追溯至春秋时期，孔子及其弟子经常聚集在一起讨论和学习，是古代民间读书会的早期雏形。现代意义上的读书会源于20世纪初的瑞典，这里所说的读书会主要是指为一定范围内，拥有共同阅读爱好或兴趣的读者群，提供与阅读相关的交流分享空间的组织，是一种非正式的、相对松散的组织形式。这类组织有的依附于图书馆、学校等专业机构存在，有的则是由某些个体或私人组织根据兴趣爱好建立的。当前欧美国家的读书会发展较为成熟，各级各类阅读分享交流圈几乎覆盖全国各地；在我国，台湾地区的读书会发展情况较好，估计台湾地区至少有1.5万个以不同名称出现的读书会团体。随着网络应用的不断成熟，打破地域限制的网络读书会日益发展并逐步发展成熟起来，出现了诸如凤凰网读书会等文化口碑好，阅读受众广的读书会，成为读书会在新时期的发展产物。

无论是线上还是线下的读书会组织，他们都是现代阅读推广组织不可或缺的形式，在繁荣阅读文化，集聚阅读力量中起着重要作用。

3. 知识服务商

在信息爆炸的时代，越来越多的读者开始关注如何从各种信息渠道中获取问题解决方案或是某个知识领域的核心内容，知识服务商在这样的背景下开始发展起来。与前面所讲的各类组织不同，这类组织利用博客、微博、微信、论坛、网络社区及自主开发的 App 等自媒体平台为读者提供精练、实用的阅读内容，或通过分享自己的生活、阅读感悟吸引读者，从而建立知识社群。这类组织不是简单的信息提供者，他们为读者提供经提炼、分解、细化、综合处理的知识内容，较普通信息更多附着了组织者的智力成果，属于对信息的深度挖掘，因此很多这类组织提供的内容获取需要读者付费，建于 2012 年的知识服务商和运营商——"罗辑思维"就是知识服务的一个典型。该组织在互联网经济、创业创新、社会历史等领域制造了大量现象级话题，其主讲人罗振宇凭借自身的广泛阅读与知识分享，对这些话题进行了深入、独到的分析，吸引广大有共同兴趣的受众纷纷加入，快速形成知识社群，为自媒体时代的成人自主学习提供便利。除了这类为成人提供知识服务的运营商外，随着儿童教育与发展被广泛关注，越来越多面向中小学生的知识服务商也涌现出来，他们利用自媒体平台，或通过演讲视频、音频，或通过在线课程，为中小学生提供学习资源与辅导，为各层次学生提供耳目一新的观点解析与学习体验。

随着阅读推广的社会影响逐步增加，各类阅读组织在活动的策划实施过程中，已不是独立运行，而是通过多家联合，发挥各类组织优势，比如为了给读者提供良好的活动环境与丰富的活动资源，民间读书会常常会与图书馆、书店等专业机构联合组织活动；同时，图书馆、书店、出版社等机构通过与学会、协会等非营利组织，以及知名度高的读书会组织联合举办活动，扩大活动影响。组织的联合协作对促进阅读推广取得最佳效果起着重要作用，这就要求各类组织在充分尊重组织自身发展模式的基础上，明确合作目标、责任，积极寻求合作共赢模式。

（三）作用和意义

尽管阅读推广组织的类型不同，经费来源渠道各异，管理方式各有特点，同时，不同类型的阅读推广机构，因其主体的组织构成、社会角色不同，推广方式也不同。但这些组织都有着不同于商业利润的崇高使命，即关心个人精神需要，提升社会精神文明发展水平，在推进全民阅读的过程中有着重要作用。

1. 管理阅读推广活动，提升阅读推广效果

阅读推广组织的存在，为阅读推广活动的专业策划、优质实施、高效总结起着重要作用，是保障阅读推广活动持续开展、产生阅读效果的核心力量。

2. 促进阅读推广事业的合作与发展

阅读推广组织有助于提高和改善公共文化资源的数量和质量，保障公民阅读权利。在传统的管理理念中，图书馆是公共文化资源的重要提供者，而在现代管理理念中，多元的管理与组织体系不仅可以扩大阅读推广资源的数量，同时可促进各类资源的挖掘、组织与整合，扩大公共文化资源的外延，有效缓解资源分配不均、信息获取不畅的问题，增强公共服务能力，保障公民阅读权利。

3. 促进阅读研究，推动阅读推广制度的形成

做好阅读研究是阅读推广组织有效发挥其组织能力的基础条件。所谓阅读研究，一方面是对活动对象的阅读兴趣、阅读心理、阅读能力的研究；另一方面是组织机构自身为提高组织能力，对促进阅读、提高阅读能力的方法的研究。只有这两个方面的研究都做好了，阅读组织才能在其指导、组织实施的阅读活动中取得预期效果，同时，各级阅读推广组织对推动各层面阅读推广制度的形成具有重要作用。纵观各国关于国家立法促进阅读推广的案例，几乎所有的阅读推广立法都是由阅读推广组织提出并促成实现的。

二、阅读推广保障

（一）组织保障

组织与领导是促进阅读推广的关键。国家、地方、学校等各级政府、组织应对阅读推广有正确的认识，并高度重视。国外有许多政府官员参与、倡导阅读的例子，比如俄罗斯总统普京等许多国家元首都曾亲自参与读书活动。美国前总统奥巴马在刚上任不久就与妻子米歇尔到首都华盛顿的一所小学，一起为孩子们朗读介绍美国登月宇航员阿姆斯特朗的儿童读物片段，与全班师生合影、握手、拥

抱，还送上满满两个牛皮纸袋的书。在我国，党和国家领导人在倡导阅读方面也做出了非常好的表率。在中央和地方各级政府的号召下，目前我国已培养出了一大批阅读推广人和阅读推广组织。

阅读推广不是一个独立的项目，它涉及的目标范围广、类型多，层次复杂，无法依靠一家机构的力量达成目标。目前国内各级阅读推广委员会是全国阅读推广工作的指导规划与促进者，决定了阅读推广工作的方向；而各级图书馆是阅读推广实施的中坚力量，对阅读推广工作的组织开展负有重要责任。各级图书馆应首先提高对阅读推广责任的认识水平，同时，要在传统组织机构建设模式的基础上，创新发展出适应于图书馆运行模式的阅读推广组织结构，切实为阅读推广工作的持续推进提供组织保障。同济大学图书馆结合自身实际，专门组建了一种"矩阵型"的阅读推广组织机构，即平时由一位图书馆负责人领导2~3人的工作小组进行阅读推广工作系统规划和选题计划。在确定项目后，可抽调图书馆各个部门的人员组成一个临时的班子，从事具体策划和实施。待项目完成，抽调的工作人员回到原来的岗位中。这种矩阵型的组织机构有利于减少阅读推广工作的专门人员的数量，但对于临时抽调上来的工作人员的专业性与组织培训是这种组织机构需要考虑的问题。

(二) 人员保障

人员是组织的基本要素，是构成组织的"硬件"。在阅读推广中，需要三类人员：一类为具有沟通、协调能力的组织设计者；另一类为执行能力强、拥有一定阅读经验的具体实施者；还有一类则为果断、敏锐的监测评估者。

目前我国阅读推广的专业人才相对缺乏，尤其在图书馆中，大多由馆员兼职承担阅读推广任务。国外图书馆员必须取得专业资格证书后方可从业。而我国至今没有专门的图书馆员职业资格认证，馆员队伍普遍存在学历不高，专业能力不足的问题。加之图书馆的待遇普遍不高，很难引进高学历、高素质的人才。为缓解人员缺乏的问题，阅读推广组织开始探索新的活动组织模式。其中比较常见的是"馆员团队+志愿者组织"的模式，这种模式在高校中尤为常见，主要由图书馆与相关学生志愿者组织联合开展阅读推广活动。西南科技大学图书馆还通过与学校研究生院合作,将学科专业导师纳入阅读推广队伍,充分发挥他们在专业导读中的优势力量。这些措施在各展所长的同时,不仅节约了图书馆的人力成本,还充分调动了读者参与阅读推广活动的积极性。

近年来,随着网络交流技术的飞速发展,一批活跃的阅读推广人开始进入人们的视野,他们中有专业教育老师、幼儿教育专家、心理研究人员,还有经济评论人员,其中不乏各领域专家。这些人或以强大的专业背景,或以人格魅力,通过企业组织平台,以线上交流、分享的形式,针对特定人群进行专业的、深度的阅读指导,在引导大众阅读行为、培养阅读思维等方面具有较为广泛与深远的影响力。

(三)经费保障

充足的经费是阅读推广活动得以有效实施的重要保障。阅读推广项目的经费主要用于支出人员经费,既包括项目实施过程所需劳动力,也包括项目中涉及的专家、顾问等专业人员的聘请费用;场地及设备的租金,如活动场地的租赁费、多媒体演示设备等设施的购置或租借费;广告宣传,既包括各类宣传画册、资料、培训资料等宣传品的印制费用,也包括用于宣传报道所需的版面费等;奖品,即各项活动的奖项设置经费;运输费,包括活动用车、宾客及工作人员交通费等;以及特殊情况下产生的应急支出。

在国外,阅读推广经费除来源于政府支持外,还有很大一部分得益于基金支持。比如哈佛大学图书馆的阅读推广活动得到了许多基金会的支持。

在我国阅读推广中,经费的来源通常有三个渠道:一是实施部门自身的经费,在各级图书馆经费捉襟见肘的现状下,能用于阅读推广活动的经费非常少。二是上级部门的专项经费,这种经费的多少取决于上级部门对阅读推广重要性的认识,以及对所规划项目的认可程度。三是其他个人或组织的赞助、捐赠。2018年正式实施的《中华人民共和国公共图书馆法》已明确指出"国家鼓励公民、法人和其他组织依法向公共图书馆捐赠,并依法给予税收优惠"。一般说来,赞助商或捐赠者是希望通过被赞助的活动或组织来扩大社会影响,获得社会对其品牌或产品的认可与支持,树立良好公众形象。赞助可以是资金的赞助,也可以是实物的赞助。美国的许多阅读基金会大多有企业的资金支持。我国像图书馆这类依赖财政拨款发展的阅读推广组织，尤其应充分发挥组织效应，积极寻求赞助，争取更多的社会资源，建立阅读基金，实现图书馆与企业组织之间的双赢合作。

（四）制度保障

制度建设是凝聚力量、促进阅读推广持续发展的关键。根据前文所述，阅读推广组织可分为三个层面：一是代表国家权威的阅读推广组织，二是代表国家各级政府的组织或制度，三是基层组织机构。国家层面的法律制度属于第一个层面的制度，如2018年正式实施的《中华人民共和国公共图书馆法》是中国国家层面推出的首部图书馆专门法；而各级政府以地方发展实际为基础制定各类地方法规法案，或号召组织的诸如"读书周""读书月"等活动，属于第二个层面的制度；各基层组织机构确定的阅读推广工作制度，则属于第三个层面的制度。各层面制度均需在结合本地区、本单位实际的基础上，按照上级组织的号召与要求制定。

1. 国家层面的阅读推广立法

发达国家以及相关国际组织在阅读推广立法中起步较早。就法律保障体系而言，美国1848年由马萨诸塞议会公布的一项特别法，成为现代图书馆史的第一个公共图书馆法案。美国的全民阅读推广活动始于20世纪中期。长期以来，美国政府将促进全民阅读作为一项国家战略。除了对学校等教育机构提出要求，美国政府还立法对公共图书馆的服务标准进行了要求。《图书馆服务与建设法案》《图书馆服务与技术法案》等法案着眼于公共图书馆的建设和服务，以立法的形式对阅读资源的获取、阅读场所的服务标准等进行了详细规定。

相比发达国家，我国的阅读推广立法相对滞后。2017年4月，《中华人民共和国公共图书馆法》草案通过国务院常务会审议，并提请全国人大常委会审议，后于2017年11月4日经十二届全国人大常委会第三十次会议表决通过，并于2018年正式实施。该法案从国家层面对公共图书馆的建设、运行、服务、管理和保障等做出了具体规定。

2. 各级政府的阅读推广法规与制度

与国家立法相对应，各级政府纷纷根据地区文化发展模式制定了相应的法规法案。比如，美国的纽约州图书馆法就是根据该区域图书馆网络建设模式建立的支持国家文化发展战略的法案。该法案规定两个或两个以上能够为20万人服务的图书馆就可以申请建立图书馆系统，一旦系统获得批准，就可以获得经费；一旦获批，就须保证系统范围内任何一个读者都可以使用系统内任何一个图书馆。

2015年1月1日，中国首部地方全民阅读法规《江苏省人民代表大会常务委员会关于促进全民阅读的决定》正式颁布实施，紧随其后，湖北、辽宁、深圳、四川均通过了相应的全民阅读法律性文件，明确了地方政府在促进全民阅读中的职责和要求，促使全民阅读成为一种地方文化发展的必需。

3. 基层组织的阅读推广工作制度

法律、政策、规定为阅读推广活动的可持续开展提供了宏观层面的支持与指引，具有整体性和实践性的特点；而阅读推广活动的具体实施则需要合理的工作制度进一步配套。工作制度应当是在政府主导、专业引导下形成一种能指导阅读推广活动具体实施的规范体系，具体应包括阅读推广工作的运行制度、节庆制度、奖惩制度三个方面的内容。

（1）运行制度。

合理、规范的工作运行制度是确保阅读推广活动长期持续开展的重要工具。工作运行制度应当明确工作目标与任务分工，确定工作流程，规范工作方法，细化工作评价与监督方法。比如，西南科技大学图书馆为持续做好阅读推广工作，专门发布了相关制度文件，以制度的形式促进阅读推广的自觉转化，从而保障阅读推广工作的持续推进。

（2）节庆制度。

节庆制度是社会文化的标志性反映，也是民俗文化的集中性表现，是民族认同和社会风尚的体现。从我国目前已有的节庆制度来看，无论是春节，还是五一劳动节、十一国庆节，都已在人们的日常生活中留下深刻印记。我国自古就有崇尚读书的文化传统，所谓"立身以立学为先，立学以读书为本"，读书对促进人类的发展有着重要影响，因此，在阅读推广活动中设立节庆制度是加速阅读推广效果实现的一个重要途径。

阅读推广节庆制度的建立帮助读者重拾读书文化的内涵，促使其阅读习惯的养成。目前国内外各级组织均对阅读推广节庆制度有着清醒的认识，国内越来越多高校、企事业单位将读书活动以节庆制度的形式持续推进，收到了良好效果。

(3) 奖惩制度。

奖惩制度为促进全员推广、督促阅读推广活动高效开展提供动力。阅读推广中的奖惩制度应当从两个方面理解，一方面，从阅读推广组织者的角度来看，奖惩制度应当始终围绕促进活动开展，扩大活动影响，提升活动形象等目标进行，这种制度可以是对日常工作的促进，也可以是对活动效果的评价。西南科技大学图书馆设立了《关于通讯员奖励制度》，这一制度与日常工作相结合，在一定程度上为促进全体馆员积极参与阅读推广提供支持；另一方面，从阅读推广参与者的角度来看，奖惩制度主要起到对优秀读者鼓励，对落后读者促进的作用，其不应孤立存在，而应与阅读推广过程相联系。

第三节　阅读推广活动策划

一、策划原则

(一) 目标性原则

明确的目标是阅读推广规划的首要因素。在进行阅读规划中，首先要确定具体的、定量的、切实可行的目标。如果项目或活动是分多个阶段进行的，则在设计总体目标的基础上，还应设计阶段性目标。

近年来，在全球阅读推广的大环境下，各基层机构在组织阅读推广项目时，也不断从中挖掘新的目标。比如，上海市政府在推动全民阅读活动中设定的首要目标便是构建作者、读者、出版商、发行商为一体的阅读文化共同体。这个共同体既是利益共同体，也是责任共同体；既是现实共同体，也是理想共同体；既是命运共同体，也是价值共同体。

(二) 可持续性原则

可持续性是阅读推广规划的重要原则，是推进阅读推广健康发展的重要因素。随着近年来阅读推广活动在全球各地的繁荣，活动的可持续性越来越受到业界人士的关注。

阅读推广活动不同于其他宣传活动，其终极目标是使阅读成为人类自觉，提高人类综合素质。这一目标的实现不是凭借一次声势浩大的宣传推广活动，或是摆个摊、聚点人气就能实现的，它的实现必须要有长期的、可持续的项目推动。中国的阅读推广活动还主要集中在4·23世界读书日，在很多地方图书馆、高校图书馆，这成为一项阶段性的工作安排。虽然有国家支持，有专业委员会指导，但各基层组织在策划实施具体活动过程中，主要注重的是单次活动的影响，缺乏长远规划，可持续开展的阅读推广项目更是少有。目前在我国较具影响力的阅读推广活动是深圳读书月，至今已连续举办了十余年，市民的参与热情很高，成为城市最美丽的景观。

(三) 参与性原则

阅读推广蓬勃开展的基础是民众的参与。民众参与的积极性主要看活动目标与民众认知是否一致。因此，在做阅读推广规划过程前，应充分考虑活动受众在年龄、习惯、参与动机等各方面的因素，明确活动目标，设计出内容丰富、形式多样，能给参与者带来良好体验效果的活动。同时，在活动开展前期，应做好活动预告与宣传，将受众关心的要素广而告之，吸引民众积极投入。

(四) 社会效益原则

效益是活动成果的重要反映，阅读推广因发起组织本身具有公益性，社会效益理当是各级组织考虑的核心要素。社会效益涉及短期效益和长期效益。其中短期效益体现在读者参与活动情况、读者借阅量、读者或媒体对活动的评价等方面。而真正能体现阅读推广目标实现情况的是长期效益，包括各方资源的整合效益、活动组织者的合作效益、读者自身阅读能力或阅读兴趣的提升情况等几个方面。短期效益与长期效益相互促进，共同作用，是评价阅读推广活动的重要指标。

二、阅读推广设计

(一) 设计要素

1. 主题与形象

主题与形象是实现阅读推广定位目标与社会效益的重要基础。尤其形象在品牌树立记忆中具有非常重要的促进与强化作用，是社会公众对推广活动整体的印象和评价。好的形象犹如名片，是帮助人们了解记忆某个特殊事件的重要产品。目前各国阅读推广活动都在品牌形象上下功夫，通过设立活动徽章、树立形象代言等形式，强化人们对阅读推广品牌的认可与记忆。

"小布"是武汉大学图书馆设计的卡通形象，取名源自"书籍"的英文"book"之谐音，整体外形活泼而不失稳重，符合现代大学图书馆的特点，是图书馆与读者之间重要的情感纽带。小布作为图书馆的卡通人物，有两大基本形象：一是小布置身于传统书刊纸本文献与现代电子资源之中，象征图书馆的印刷型文献和数字化文献相结合的文献保障服务体系；二是小布手持放大镜，代表读者对知识信息的无穷探索。小布的出现，不仅增强了阅读推广活动的趣味性，提高了读者参与度，同时在一定程度上促进树立现代高校图书馆的新形象，使图书馆变得更加亲切、时尚，更加人性化。

2. 宣传推广计划

阅读推广如何引起公众关注，吸引公众参与，形成联动效应，不仅需要组织者的创新，还要借助报纸、杂志、网络等新闻媒介的作用，以此形成出新、出彩、出特色的全新推介模式。因此，做好阅读推广的宣传计划是促使阅读推广产生广泛影响的重要任务。一般来说，为达到宣传效果，可将宣传分为前期预热和正式宣传两个部分进行计划。前期预热在项目正式启动前一个月内通过制作发布视频、宣传海报、广告等方式进行，主要向公众展示活动主题、特色及开展时间，如设有活动标识，则也应在前期宣传中投放，以期吸引读者及其他媒体的注意；正式宣传则需要在项目启动时开始，具体宣传时间可按照活动安排滚动进行，宣传可以活动现场报道、新闻速递等方式进行。最后，在项目结束时，应有整体报道，包括活动效果、影响及成功经验等。在宣传推广计划中，除了要将宣传形式、宣传内容确定好以外，还需结合场景实际，系统规划具体的宣传发布地点、发布频次，以达到最佳效果。

3. 预算

资金是阅读推广活动得以有效推进的重要保障。在阅读推广规划中，详细的预算是必不可少的要素之一。合理的预算是规划方案得到上级组织和领导认可的前提，在规划中，预算越详尽越好。一般活动的预算包括场地租借费、奖品购置费、设施设备购置或租赁费、宣传海报设计制作费、专家聘请等其他费用。所有费用应设有单价、数量、总计，对于奖品购置费，要提前根据活动计划，设计好评奖方案，切不可盲目预估，导致预算无法准确执行。

4. 活动进度表

活动进度表是按照策划的每项活动的全部过程拟成时间表，标示清楚何月何日做何事。它不仅是推进活动开展的计划表，更是评价活动开展情况的标准之一。

（二）关键环节

1. 明确的主题选择与活动定位

在阅读推广的体系目标下，各基层组织应结合对资源特色与目标环境的评价，紧扣受众心理与实际需求，寻找具有特色的主题与目标定位，确定项目名称、宗旨、主题内涵、规模、预计效果等。这要求活动规划者具有敏锐的市场感觉，捕捉潜在的市场机会，并运用娴熟的商业运作经验，组织专业人员对主题进行提炼、包装和设计。

2. 新颖的创意

在现代纷繁复杂的环境下，任何活动要想成功吸引受众眼球，必须要有新颖的创意。阅读推广活动也不例外。目前我国阅读推广活动缺乏创新，大多以国内外几个重点项目实施为借鉴，以读书征文、专家讲座、读书分享、真人图书馆等活动为主体，重复进行，存在着形式单一、雷同现象严重的问题。阅读推广活动的创新需结合本土环境和受众需求，以体现活动宗旨、突出文化传统、体现时代风尚，只有这样设计出来的活动才能真正吸引读者参与。比如，早在2013年，西南科技大学图书馆结合本馆实情及读者需求，在阅读推广活动中创新提出"你选书，我买单"，不仅吸引大量读者参与活动，同时使逐步下滑的图书借阅率有了大幅提高，资源利用率得到真正加强；同时，又通过馆商合作、馆店合作等模式，扩大读书引力场所，引导读者，深化阅读意识。

3. 可行的方案（项目的可行性研究）

项目的可行性研究是一门专业的学问。在阅读推广项目的可行性研究中，主要表现在对现有人力、物力、财力和技术条件下是否有实现的可能性，时间安排与效果呈现是否协调统一，体现活动特色，突出活动高潮，收获社会效益。

（三）设计流程

1. 调查研究，明确受众

调查研究是阅读推广规划的基础。在进行阅读推广规划前，调查研究主要是指明确受众主体的需求，这可通过问卷调查、随机抽访、文献调研、流通数据分析及对受众主体的年龄分析等方式确定。国外阅读推广项目具有一个共同的特点，那就是目标群体明确。比如英超俱乐部"阅读之星"面向不爱阅读的小学高年级和初中低年级学生；"信箱俱乐部"面向寄养家庭儿童，给他们发放适合寄养儿童年龄的阅读学习资料；挪威有专门面向16~19岁高中生的阅读推广项目；新加坡的"读吧，新加坡"每年都有明确的推广对象，如出租车司机、美容师等。

2. 确定主题，细化目标

在明确受众以后，便可依据需求或受众的共同特点，结合时下环境，明确主题，规划可评估的目标。为便于效果评估，目标须可量化，或是有明确评估指标,比如英国某个面向读写能力较弱的成年人的阅读推广项目设定的目标是:在3个月内让那些读写能力较弱的成年人(环保工人、服刑人员等)完成6本书的阅读。这一目标不仅包括了活动对象,还有效果取得的时限以及活动的具体内容,比抽象的"提升读写能力"这种大而泛的、口号式的目标更实际,对活动的后期评价及持续推进有着至关重要的现实意义。

3. 详细计划,任务分配

在主题与目标完全确定的情况下,即可开始筹划具体的推广项目与内容。首先,要有明确的组织者或组织部门,负责整个项目的组织筹划与协调。其次,要根据计划需要进行任务分解,宣传、财务、过程监控、场景布置、设备调用等缺一不可,同时对于各个项目的人员配备要做细致计划。

4. 效果评估,后续评价

效果评估,后续评价是阅读推广项目实施的关键步骤,也是目前国内阅读推广项目实施过程中的薄弱环节或是被忽视的环节。效果评估既指活动的阶段性效果,也包括活动最终的目标效果。客观公正的效果评估是对阅读推广项目实施情况的良好总结,后续评价是对下一周期活动的信息反馈。活动组织者或策划者应按照活动方案,或根据活动的时间进度表,按时对活动的进度与执行效果进行评估与研判,并根据需要,及时对后续活动进行调整。同时,在整个活动结束后,要组织人力对活动目标的实现情况进行数据搜集与统计,既要总结活动的成功点和闪光点,也要总结策划的盲区和误区,以期为下次活动积累经验,提供指导。

三、阅读推广实施

(一) 实施方法

按照阅读推广的实施规划,每一个实施过程都必须有相应的方法予以支持。目前在阅读推广实施中常用的方法有头脑风暴法、数据分析法、方案比较法、全员营销法。

1. 头脑风暴法

头脑风暴法,是一种集体研讨行为,它以某一事件为目标,通过无限制的自由联想与讨论，产生新观念或激发创新设想。该法通常用于阅读推广活动方案的前期策划过程中。它是一个快速获取新颖、有效的阅读推广创意的渠道，能充分发挥各类专业人才的优势，以保障方案的可行性、目标的有效性。

2. 数据分析法

数据分析法，主要用在阅读推广过程中的绩效评估过程。阅读推广实施效果的评价，需要对参加阅读推广活动的读者基本信息、参与情况建立读者信息档案，同时，对各项活动实施过程中的相关数据，包括活动参与总人数、活动所用经费、活动组织所需的人员情况及活动在实施过程中的其他特殊事项进行数据搜集，并依据数据的大小，选择合适的工具进行分析。

3. 方案比较法

方案比较法，是运用多方案评价的指标及综合评价方法，对方案进行优选的统称。方案比较法主要用于阅读推广方案预估实施的过程中，可以对项目机会研究和可行性研究中提出的众多方案进行比较分析，从中选出技术先进、经济合理的方案，作为详细论证的基础。方案比较法，需使不同的方案有可比性；满足需要可比，消耗费用可比，价格可比，时间可比。

4. 全员营销法

营销是一种企业经营哲学，它与销售的概念不同，其核心理念认为企业的利润实现是以顾客满意为前提，而不是简单地通过销售来创造利润，因此营销观念更注重对顾客需求的探索。全员营销强调机构参与营销的整体性，明确营销并不单纯是某个营销部门的事。虽然营销的概念源于企业管理，但随着图书馆行业的发展变化，近年来图书馆界开始广泛借鉴营销理念用于阅读推广。根据全员营销的理念，图书馆的阅读推广活动不仅是某个阅读推广部门的事情，而且是馆内各个部门及活动涉及的组织部门共同的事情，全员营销法在阅读推广中的应用，关键在于形成合力，全员参与。从阅读推广方案的设计、阅读推广资源的采购与加工、阅读推广的技术支持，到阅读推广的后勤服务、财务保障等各个环节，涵盖了全馆各个部门。他们都是阅读推广的参与者，他们对阅读推广活动的整体规划与实施过程应有统一认识，并以此指导行动。比如，西南科技大学图书馆在每年的读书文化周期间，必将集全馆乃至全校合力，研究读者需求，策划读者活动，监管活动进程，为实现共同的目标，各司其职，努力使结果达到最优。

（二）过程管理

阅读推广活动的实施是一个动态的过程，在做好活动规划的前提下，能否实现规划目标，取决于对实施过程的管理，即在实施过程中紧抓每个环节，检查每个阶段的目标是否达成，分析各阶段实际执行与预估执行的偏差。一旦出现问题，须及时反馈，做出调整或改正，阅读推广活动的过程管理主要包括以下几个方面。

1. 人员管理

阅读推广活动的顺利开展涉及不同职责的人员，因此做好人员管理是活动实施的基本前提。人员管理主要是指在活动当中对活动参与者与组织者两方面人员的协调与管理。

活动参与者是推广活动的核心，也是评价活动的重要指标之一，阅读推广活动通常不是一个单一的独立活动，而是多个活动同时开展，比如在2015年西南科技大学读书文化周活动中，同时进行了书展、"你选书，我买单"、一句话书评等20项活动。因此，及时发现参与者的活动需求，引导他们在合适的时间、正确的范围内选择所需活动，帮助他们获得良好活动体验，提高参与兴趣，是对活动参与者管理的终极目标。

活动组织者不仅包括整个活动的组织人员，还包括各项子活动的服务人员、安全保卫人员。要做好这些人员的管理，首先要在活动规划时明确各自的责任，并在对活动实施过程的预测中，及时发现责任分解的合理性，形成任务分解表，以责任和任务促进这类人员对活动的认识，提高活动自觉。其次，活动组织者要根据活动实施情况，做好服务人员的协调与控制。

2. 现场管理

现场管理的主要目的是协调好参与者与现场资源之间的关系，确保活动按照计划顺利进行。阅读推广活动的现场管理包括对参与者入场方式、现场资源、设备的使用情况、服务空间、突发事件处理方式的管理。现场管理的实施分为活动前规划调试、活动中现场监督查看与协调、活动后统一归拢总结三个步骤。为做好现场管理，第一，要根据活动规划与方案，在活动正式开展之前，确定所有现场设备，包括音响、视频及供电设备正常运行，同时，对组织方所有参与人员要做好活动信息的确认，包括主持人、现场服务人员、宣传人员、志愿者、安全保卫以及重要活动参与人员的信息，对于参加开幕式的人员，还要设计好主持人、重要嘉宾的入场形式、顺序及发言内容；并做好活动因故无法正常开始，现场过于喧哗，奖品、宣传品不够发放，现场参与人员积极性不高，现场突发疾病、火灾等突发事件的应对措施。第二，在活动开展现场，现场管理人员要随时查看现场活动情况，做好现场资源，包括宣传品、服务空间、活动资源的使用情况统计、预测与协调，对于突发事件，要采取应急措施及时组织补救。第三，在活动结束后，要及时组织专人对现场设备、设施进行统一收集与管理，并做好使用登记；对于活动现场出现的未预测到的问题要及时做好总结。

3. 成本管理

成本管理是一个动态的控制过程，其核心在于控制项目预算的变化，及时修正成本的估算，更新预算，引导纠正项目组成员的行动，以保障成本控制与管理。成本管理在阅读推广活动实施过程中，主要包括两个方面：一是各项活动在正常实施过程中的成本预算。当出现某些资源超出预计成本，或某些任务将带来新的成本，则需要根据活动规划，进行成本核算，以帮助项目决策。二是活动参与者的经济成本与时间成本，对活动参与者而言，时间成本的优势更能吸引他们积极参加活动。因此在阅读推广活动策划过程中，应当充分考虑活动开展时间、用户参与活动的便利性等对参与者的影响，尤其在现代信息环境下，推广活动可用的媒介越来越丰富，用户使用这些媒介，或通过媒介获取信息的便利性是用户参与活动必须考虑的成本因素。因此，组织者应考虑用户利用媒介的习惯及各类媒介设备的兼容性、转换成本等因素。

(三) 危机管理

危机管理是指在活动实施过程中，有效避免风险的发生；同时在风险发生时，帮助活动人员正确面对，及时做出正确判断与决策。做好危机管理，首先要提高组织人员的风险意识，以及识别风险的能力。在实际活动中，可能识别到存在的风险，但却不能加以正确处理。风险就这样被层层传递。如因活动参与者不够，导致需求不正确，进一步产生活动目标预定的失误，如没有足够的风险意识，可能最后导致整个活动的失败。因此，风险要注意从源头抓起，防止风险的层层放大。

第四节 阅读推广评估

阅读推广评估主要是指对阅读推广活动或项目的目的、执行情况、活动效益、作用等进行的系统、客观的评价分析。阅读推广的评估通常与组织或工作考核息息相关。《中华人民共和国公共图书馆法》明确要求，主管部门要制定公共图书馆服务规范，对公共图书馆的服务质量和水平进行考核。考核应当吸收社会公众参与，结果应向社会公布，且作为对公共图书馆给予补贴或者奖励的重要依据。由此可见，评估对阅读推广工作机制的持续推进有着重要指导意义。根据阅读推广的策划与实施进程，笔者认为阅读推广评估可分为三个层次进行，即对活动或项目的前期研判、活动过程中的检查修正以及活动结束后的效果评估。

一、前期研判

前期研判即是对阅读推广活动前期的准备和设计，评价活动开展的可行性与价值性，包括对活动目标、活动创意、活动内容、人员组织与安排、场地选择、活动支出等阅读推广要素的研究判断。比如，在前期的活动策划中，我们可以看出活动目标或定位是否明确，活动设计是否可行，与活动主题或用户需求是否相符，是否充分利用本身优势，凸显创新；活动人员是否分工明确、责任明晰；活动流程是否清晰顺畅，宣传计划是否翔实可行，活动预算是否合理、清晰，各项资源分配是否合理；活动时间、场地安排是否合理。

阅读推广的前期研判是阅读推广评估的重要前提，它不仅为活动设立评价基准，同时也是促进阅读推广活动规范推进、高效开展的重要保障。

二、中期检查

中期检查不仅仅是评估活动是否按计划顺利实施，其核心是对阅读推广的过程管理，包括对人员、现场、成本、危机等几方面的管理。

三、效果评估

阅读推广评估的核心是效果评估，即阅读推广活动或信息传播出去后，对推广对象的直接或间接影响，效果评估的准确性对阅读推广活动的持续性、延展性有着非常重要的指导意义，同时对于形成组织间、区域间的阅读推广框架，制订符合实际，独具特色的推广策略有重要作用。

阅读推广效果评估可从两方面着手实施，一方面与活动前期研判时确定的某些指标相对应，比如是否符合预算，是否节约经费和人力，是否影响其他业务、媒体报道量、读者参与情况、读者阅读行为的变化等。这些指标对活动组织者来说起着很关键的作用；另一方面则是基于读者的阅读推广活动评价指标，比如活动是否有创意、宣传口号是否鲜明、推荐书目是否适用、现场环境是否优雅、服务态度是否到位等，有时候图书馆的过度设计、过度服务也会引起读者反感。图书馆通常意识不到甚至自我感觉良好，却可以通过读者评价指标检测到。基于图书馆和基于读者的两个评价指标体系都完成后，再进行对接和整合，便是综合性的评价指标体系。

高效的阅读推广工作机制是阅读推广工作得以全面推进、系统发展的重要基础。在阅读推广机制建设的进程中，我国要在借鉴发达国家的先进经验的基础上，从组织、制度、保障、规划、实施等多个方面进行现实思考，建立起符合我国文化发展的阅读推广精神内核，促进阅读推广的科学发展。

第五章 阅读推广场所建设

读书能够增强一个民族和国家的文化实力已经成为世界各国的共识，建设一定数量的图书馆或读书场所也成为社会发展和建设的基础工程。但是面对海量的出版图书，人们往往不知所措，同时，发达的网络，使许多人的阅读越来越碎片化、表面化。阅读场所建设重要，但阅读推广场所建设更重要，它可以起到引导人们读好书、多读书的作用。

第一节 阅读推广场所概述

简单地讲，阅读推广场所就是以读书文化为背景推介图书文献及其相关活动的领域空间，但它不是一个单纯的物理空间概念，而是一个具有阅读推广功能并有着丰富文化意义的场所。它既是一个有形的、可把握的空间，更是一个无界但可感知的领域。

一、推广场所定义

"场所"一词来自拉丁文 platea，原意指宽敞的街道，经过长期的演化，现在"场所"的意义已非常丰富。"场所"不只是抽象的区位，还是一个有界无边的具有特别属性的空间场，是由具体现象组成的生活世界，是由具有物质的本质、形态、质感及颜色的具体的物所组成的整体。场所是空间这个"形式"背后的"内容"。具体来说，场所的特质包括地形、气候、光线等自然因素和城市肌理、文脉、人流活动等人文因素。简而言之，场所是由自然环境和人造环境相结合的有意义的整体。这个整体反映了在某一特定地段中人们的生活方式及其自身的环境特征。构成场所的三个基本组成部分是静态的实体设施，场所的实体建构、建筑物、景观和美学特征的体现。

人物活动：场所必须有人活动，建筑物和景观如何被人们使用，身处其中的人们如何与人、与物互动，通过人与人的交流、人与物的互动，让人们在场所活动中获得所需信息，满足一定需要，精神文化得到升华。没有人活动的空间只能是场地。

场所意义：场所是有特定意义的，要么是功能意义，要么是文化意义，场所的意义就是场所的"所指"，是场所的生命。但是，场所的意义要为人所知，无意义的空间称为场地。只有被理解了意义的空间才能称之为场所，只有场所能够感染人、教化人。

阅读推广场所作为一种特殊的复合性空间场所，它承载着图书文献推介和推荐功能并可以伴随阅览体验传播读书文化。它不同于阅读空间，但具有阅览功能；它不同于广告空间，但具有信息传播功能；它不同于商品陈列空间，但具有体验性；它不同于公共活动空间，但具有文化性。它同时具有空间的物理性和场所的精神性，只有物质环境的物质和精神特性被感知、被体验而产生一定的物质和文化认同时，环境才能转化为场所并折射出有别于它的主体精神和环境精神——一种激发阅读、启迪思维的场所精神，而这特定的场所精神又反过来深刻地影响着主体——人的阅读心理和行为。

综上所述，阅读推广场所是以读书文化为基础，以推介图书文献信息为目的，以空间为手段，整合而来的概念，即为促进人们阅读而开展阅读推广的系列活动与其所处的特定空间形态构成的物理及精神的组合体。

二、阅读推广场所特征

阅读推广场所既是物质的，更是精神的，不仅是几何意义上的"物理空间"，还是社会学上的"文化空间"。经仔细推敲并总结得出，它具有以下六个特征。

(一) 文化性

阅读推广场所最大的特性就在于它的文化特性，要靠场所的文化气息和力量吸引人、感染人，不仅激发人们的读书需求，更使人产生与读书有关的思想和联想，是城市或社区空间中最具文化精神性的空间节点之一，是最值得人们记忆和回味的空间。只有具备了读书文化的场所才能称之为阅读推广场所，阅读推广场所的文化性构成了它最本质的特征。

（二）聚集性

阅读推广场所的目的在于推广阅读，吸引聚集人流便是其内在所需。其内一系列的图书文献信息，旨在传达可能的阅读需求，形成其独有的吸引力，感染来往的人群，激发他们的阅读需要，促使他们由普通人群转变成读者。而且聚集性具有感染力，它会随聚集人群的增多不断扩散聚集影响，吸引更多的人聚集。从这一点上来讲，吸引聚集的人群越多越好，阅读推广场所的聚集性是阅读推广场所的手段特征。

（三）主题性

我们知道，超市在不同的时令有不同的宣传促销，如在端午节，超市会首推粽子促销；在儿童节会有各种玩具的促销；在春节，超市会有大量的过节商品促销。阅读推广场所在不同的时间节点，根据不同的重点或题材，也应该有不同主题的阅读推广活动。在国庆节、建军节、世界读书日，文津图书奖专题、茅盾文学奖专题推出等时机，阅读推广场所的主题都会因时、因题而定，不会像其他空间主题一样，建成后主题基本是一成不变的，如商业广场、停车场等。

（四）识别性

阅读推广场所能吸引人群聚集的首要因素是容易识别。作为场所要在众多的空间世界中显而易见，阅读推广场所不会引起注意，自然就不能起到阅读推广的作用。阅读推广场所的识别性是阅读推广场所的标志特征。阅读推广场所不仅要明显标注明确的主题，还要有明显的路径、领域、节点、标志物，使路径易于达到，领域易于理解，节点容易把握。

（五）体验性

体验是人在生命的某一时刻通过对一种对象、情景或事态的经历，在其深刻的意义内涵中把握生命和存在的本质的原始意识过程，它具有强烈的情感直接性和震撼性。"体验"有领悟、体察、设身处地之意，阅读推广场所通过信息传播系列手段，营造可读、可品、可停、可思的氛围，引起读者关注，令其驻足阅览，激发其阅读兴趣，使其深受读书文化感染，体验读书文化之旅。

（六）安全性

阅读推广场所必然会产生较多人群聚集，特别是大型场所的信息流、人群流、车行流以及设施等各种流线交织在一起，必须要合理组织各种流线，既要保证其阅读推广功能的实现，又要确保其秩序安全，要消除可能给来往人群产生的不安全感和潜在危险，尽最大可能消除踩踏、电路、跌滑、火灾、垮塌等潜在危险，避免事故。

三、阅读推广场所分类

阅读推广场所不是单一功能的某类空间，但也因其背景不同有大体类型之分。阅读推广场所的功能目标是推广阅读，在实现此目标的过程中所开展的推广活动形式却是丰富多样的，大致有以下四大类：信息发布类、图书推介类、阅读体验类以及文化传播类。

（一）信息发布类

信息发布类阅读推广场所，是指用于图书文献发布的并由发布设施统领的所属空间领域，场所要素由发布设施、聚集场地和通道组成，核心要素是发布设施，空间的尺度、布局、位置等取决于发布设施。常见的发布设施有LED屏幕、图书信息发布专栏等。

（二）图书推介类

图书推介场所，顾名思义，就是推广介绍图书主要信息的空间场所，它是按主题分类或作者介绍图书内容、推荐理由以及图书其他亮点的专属空间，场所要素由图书样品台、推介信息资料或推介文本和通道组成。位置一般位于该类书库或阅览室的明显位置，其中推介信息资料或推介文本的存放区是这一场所的

（三）阅读体验类

阅读体验场所，是指读者与图书零距离接触的场所。在读者通过其他信息渠道了解图书的初步信息后，读者进一步与其接触，概览图书的大致内容，由此产生深度阅读。此类场所不一定是确定的某一个阅览室，一般位于图书推介类场所附近，还可以以书吧、咖啡吧、茶吧等非阅览室形态存在。空间要素由推介海报、小型书架、休闲座位和其他配套设施组成。

（四）文化传播类

文化传播场所是指在图书馆附近和图书馆内营造读书文化的精神文化空间。它本身没有直接的图书推介功能，但它通过与读书文化有关的艺术的感染力来吸引人群来交流，近距离地感受图书馆那份特殊的文化并爱上图书馆，从而获取各种图书文献信息，产生阅读需要。从这一点上讲，图书馆又是读书文化中心。

第二节 阅读推广场所的构造

阅读推广场所有别于商品营销场地的重要区别在于它的场所意境。作为空间美学体系中的重要范畴之一，意境的重要性不像其他空间中以实物产生意向，而是以"图外之景""言外之意"使人生成读书观念性的理念，不是一时一地的需求，而是常态化的必需。故此，充分认识阅读推广场所意境，提炼阅读推广场所意境十分有益。

一、场所意象与场所意境

无论是场所意象还是场所意境，都侧重以实显虚，其"意"均指主题的思想情感。二者都有着情景交融之特征，是心与物、主客体间的互动和统一，表现含蓄隽永、虚实结合、寓意深远。故而在建筑艺术中，场所意象和场所意境极易被混淆，但由于它们分属不同的美学范畴，也就有着各自独特的内涵。

（一）场所意象

场所意象是指"意"与"象"的交融契合，主观的情思融于具体物象，即"意象"是饱含情思的物象，是一种虚实相生、表里相融的微妙状态，从而达到意中之象和象在意中的效果。阅读推广场所实的、表的是那些文字介绍、空间摆设，虚的、里的是文字介绍情节、空间摆设物品，它们虽然会引发读者的读书需求，但并不是阅读推广场所的最终目的。

（二）场所意境

意境源于儒家的"意向论"，道家的"道向论"和佛学的"境界说"三个哲学范畴。场所意境指的是"意"与"境"的浑融契合，尤其偏指物象之外，侧重于主体感观，是独特的内心思想活动产生的境地，常表现出一种情景一体的浓郁氛围。场所意象是指场所的艺术形象，而场所意境是人们对于场所情感化、心灵化的体验及感受。二者相比而言，"象"实而"境"虚，场所意象是场所意境的物质载体，而场所意境是场所意象的精神升华。场所意境中包含了场所意象，然而场所意象却难以取代场所意境。阅读推广场所的最高目标是通过场所中的那些书文、图像获取某书的初步意象，继而感物兴怀，展开想象，进一步地生成读书明智、读书启人的人生意境，使图书馆真正成为人们的心理地标，阅读成为不可缺少的终身习惯。

二、场所意境的构造

阅读推广场所是获取图书信息、阅读指引，提升文化素养，进行文化交流的地方，同时还给予读者一定的归属感。而要完美地实现以上功用，首要任务便是构造适合的场所意境。

建筑意境与场所意境是相通的，属于实体场所意境，它依赖于建筑空间，是空间与艺术形象的结合体，那么场所意境的构造就必然受到建筑空间的制约，必然需要考虑场所中其他因子的存在，从而进行精细设计，达到完美融合。场所意境的形成是需要因子构造的。

(一) 文化因子

阅读推广场所意境实质上就是一种文化场的营造，文化因子作为其必然的构成，值得细细推敲研磨。文化因子可从图书文化、城府文化以及艺术文化三个方面来构造。

1. 图书文化

图书是人类文明传承的载体，构成图书的全部信息都会引发对读书的联想，如形态上的文字、封面、书脊等，还有人物上的图书历史人物，读书场所上的中外图书馆等。这些与图书文化有关的元素都会在阅读推广场所意境生成过程中起到激发联想、同化的作用。图书文化即书香文化，包含以书本实体和以数字化设备为载体的阅读文化，是人与文字不断对话交流的沉淀与积累。图书文化是人类生活的反映，活动的记录，历史发展的见证，是人类认识自然和自我、寄托情思的载体。

图书文化弥漫天地间，生活中处处皆是，文化蕴含于世间万物。阅读推广场所的图书文化构建，应顺应时代潮流，不断扩展文本的内涵，如文本图像化、电子化，同时利用场所内的事物，注重环境氛围的打造，让读者感知并沉醉其中。

2. 城府文化

城府文化是指与阅读推广场所所在地的历史、地域、行业、人物等有关的文化，如大学的学府文化、沿海城市的海洋文化、城市历史文化等，将它们与图书文化整合联系，最容易记忆和理解，会增强人们的认知认同感，会给人留下深刻印象而令其流连忘返，并由此产生联想。

3. 艺术文化

阅读推广场所不是商品促销空间，要以场所的文化品位的感染力来吸引读者，打动读者，让读者在对文化的品味中感知读书信息。因此，无论是场所的信息，还是场所设施的形式，无论是场所的主题，还是场所空间的形式都应该具备高品位的艺术文化。

（二）图式因子

有意境的阅读推广场所总是通过物质化的元素在人们头脑里生成"物象"，进而生成"象外之象""景外之景"，那些超越具体物象、带有哲理性的人生感，就是意境的意蕴。所以有意境的阅读推广场所必须借助艺术化的图式因子有机组合，以"蒙太奇"方式组接，通过整合、剪接，产生连贯、呼应、悬念、对比、暗示、联想，"以实生虚"后产生"虚白"，派生出比图式更深刻的"新概念"，升华达到实与虚、形与神、有限与无限的辩证统一。

（三）提示指引

中国文学宝库中有大量的山水诗、园记、楼记、亭记等散文、铭文，它们构成了特定建筑意境客体的文化环境，成为烘托建筑景物文学性气氛的重要元素。结合场所设施特点，选取人们熟悉的古人诗文名篇字句来命名、题对，把景物升华到历史积淀的诗文境界，是常用的一种场所提示指引途径。阅读推广场所也可采用名人诗文、警句、题名、题对等提示指引，既标明场所功能主题，又同时起到了点示场所精神和点染空间气氛的作用。

三、阅读推广场所意境召唤结构

在阅读推广场所的建设中，召唤结构即引导读者阅读的结构。由浅入深，可从唤起注意、阅读理解、产生想象以及激发需要四方面着手。

（一）唤起注意

唤起注意的行为常发生在上文所提到的引导空间内，充满既视感。大多是阅读推广场所内的某一特质吸引了读者的注意，或是色彩分明、富有时尚感的宣传海报，或是多样的活动形式，抑或是深得人心的比赛主题等。总而言之，对于阅读推广场所，这是初步的探索；对于读者，这是文化氛围的初体验。

（二）阅读理解

阅读理解是相对唤起注意这一层次而言的，它是读者更深层次地融入阅读推广场所，在有了注意行为后的进一步接触，直接决定阅读推广的成功与否。在这个层次，读者会结合自己内心的体验以及需求，对阅读说"Yes"或"No"。鉴于其重要性，推广者需要结合大众心理，研读所需，恰到好处地营造文化氛围以感染读者。

（三）产生想象

读者在对场所进行阅读理解后，紧接着便在头脑中产生想象，或者说是好奇心的进一步扩大，开始将眼前看到的有限实景延伸到无限的意境。阅读推广场所中，读者受到宣传海报或其他阅读推广形式的影响，便开始联想自身的状况与推荐图书内容是否吻合，就像你在超市门厅处看到各种促销展柜，脑中便会开始想象自己生活中是否需要，或是放入家中是否整体协调。

（四）激发需要

激发需要是读者与阅读推广场所最深层次的契合。如同超市购物时，衡量了自己所需和眼前的商品价格后，准备下单。读者在这一层次时，充分考虑自身与图书的吻合度后，会直接选取所需，全面接收图书信息。如某读者这段时间受到诸多生活挫折，情绪低落，若此时推广的图书中有心灵鸡汤，这就会恰如其分地激发其需要；或是某读者在这段时间要写学术论文，而此刻推荐的图书是与其专业相关的科技导报之类，也会激发读者的兴趣。

第三节　阅读推广场所引力

阅读推广场所是一种联系读者的特定空间，目的在于为读者更好地服务。其与读者之间的关系评价，也可用引力来解读，即场所引力。

一、阅读推广场所引力基本概念

在经典力学中，"引力"又称为"引力相互作用"，指具有质量的物体之间加速靠近的趋势，是由于物体具有质量，在物体之间产生的相互作用，也是自然界四大基本相互作用之一。

阅读推广场所是为促进人们阅读而开展并推广的系列活动与其所处的特定物质空间构成的整体。它赋予了人活动的特定空间。故而，阅读推广场所引力便是阅读推广场所通过某种联系与读者之间的相互作用。

阅读推广场所具有以下引力特征：一是普遍性。读者步入阅读推广场所便会受其引力作用，即场所内遍布引力，无处不在。同时，读者本身的需求也构成引力源，与之相互作用。二是可塑性。由于阅读推广场所引力是场所与读者之间的相互作用，与经典力学中的引力一样受物体质量和两者间的距离影响，阅读推广场所引力也同场所本身和读者自身以及两者之间的可达性相关联。故而，抓住变量调整场所的引力是可行的，即场所引力的可塑性。三是感召性。阅读推广场所是经过人精心设计营造的特定空间，目的在于感染、召唤读者进行阅读，即场所引力具有感召性。

二、阅读推广场所引力机制原理

经典引力定律表示：引力的大小和物体的质量以及两个物体之间的距离有关。物体的质量越大，它们之间的引力就越大；物体之间的距离越远，它们之间的引力就越小。与之类似，阅读推广场所引力的大小同场所"信息质"和场所的可达性有关。场所"信息质"越高，它们之间的场所引力就越大；场所的可达性越差，它们之间的场所引力就越小。

（一）阅读推广场所引力产生

场所引力发生是场所引力运行的起点，没有这个起点其他都无意义，按物理理论，引力的产生是两个物体之间产生相互作用。阅读推广场所引力产生的两个物体就是信息与人，其中信息起主导作用。因此，阅读推广场所要产生初始引力，信息是关键，但离不开人，同时若不能相互作用也不会产生引力，必须是信息与人群相互作用后才能出现引力。

（二）阅读推广场所引力传递

阅读推广场所引力发生如果没有后劲支持，引力传递会自然中断，人群只能获得浅表的信息，不可能产生进一步的意向、概念和意境。后劲的产生也主要取决于场所中的信息强度、空间格式、设施形态、环境氛围等。当信息强度足够有看点、空间格式感受深刻、设施形态感召力强、环境氛围感人至深时必然会作用于人群并促使其参与其中、驻足观读。

（三）阅读推广场所引力延伸

阅读推广场所不是阅读场所，创建阅读推广场所的目的是在场所文化气氛的感染下，通过阅读推广，使人们获得图书文献的关键信息，进而促使其产生读书需求，产生阅读行为。阅读推广场所引力延伸就是阅读，也是阅读推广的目的。

阅读推广场所引力机制是一个连续封闭的系统，要增强或减弱某一受力方向的运行，只有加强或中断其中环节方可实现。

三、阅读推广场所引力构造方法

根据阅读推广场所引力的机制原理，科学构建阅读推广场所引力就成为阅读推广人必须研究的课题。

如前所述，阅读推广场所引力产生要素为信息强度、空间格式、设施形态、环境氛围，四者不能独立存在。只有在四者合理组合、共同发力时，才会产生可持续的场所引力。由阅读推广场所引力的产生条件可知，高质量的阅读推广场所和读者以及便捷的交通是增强引力的关键。三者交相融合构筑了场所引力的环境。

（一）信息强度

信息强度不是一般的通知公告的广而告之，而是由场所意境、场所图文传达的某种关于客观事实的、可流动的知识能量。它具有事实性、时效性、不完全性、价值性、针对性、量化性和变换性等特性。阅读推广信息不能编造，必须真实，不能常设不换，必须定期更新，不能随意，必须优中选好，不能普适，必须有针对性，不能小而全，必须提取关键。

（二）空间格式

空间是存储信息和人群的容器，积极的空间格式不仅可以留住行人驻足观览，更可以感染其心灵，令人流连忘返。一个良好的阅读推广场所空间格式，一定有上好的节点位置、流畅的空间肌理、优美的空间形态、合理的空间布局、舒适的空间质感和温馨的空间气氛。

如西南科技大学西七教学楼前广场，是校园主要的公共开放空间，因其"凹"字形的空间格式，具有强烈的聚集性，广场由三面优美的建筑立面构成，中间设有 LED 信息发布大屏，经常发布包括好书信息在内的各种校园信息，常常吸引大量学生驻足观看。

（三）设施形态

阅读推广场所设施具有传达信息、摆放样书、吸引读者驻足观看的使用功能，还有渲染气氛、审美怡情、引发联想、感染情绪的文化功能，绝不能让场所设施商业化，对每一种设施都要精心创作，把它们当成艺术作品来创作，让这些设施在满足功能使用要求的前提下，能够承载和传达一定的意义，增加它们对读者的注意力并因此产生作用力。

如西南科技大学学生食堂前的"七彩广场"，广场形态由形构成，具有强烈的集聚性，构成背景由七根彩柱与建筑物划分成两种空间，在主要视角面以诗碑的艺术形态造景，成为观众的主要视角，又在其上设置 LED 大屏幕增强其对观众的吸引力，随时播放包括好书推介信息在内的各种信息。

第四节　阅读推广场所条件

阅读推广场所的建设不像空间建设那么容易，空间建设只需要通过物质手段构建一个有形空间来承载某种功能即可，但阅读推广场所建设不仅要建构可实现阅读推广目的的硬件设施，更要经营阅读推广活动，培养读书文化并使读书行为延伸扩展。所以，阅读推广场所的建设更复杂。

一、阅读推广场所硬件条件

所谓硬件条件,是指我们能切身感受,用眼睛观察的物质条件。曾有研究表明,由于中心神经系统的神经纤维中有 2/3 来自眼睛,我们的感知绝大部分受视觉支配。由此足见硬件条件的重要性。

(一) 必需的基础设施

场所的基础设施是指能满足场所功能所需要的全部物质工程设施和配套设施,工程设施包括道路、广场、绿化、电路、照明和构建筑物等,具体有道路等级及路径、广场形态及铺地、绿地规模及组景、强弱电路的敷设、装饰与景观照明等问题。这些基础设施的建设不同于城市或建筑,技术上要符合有关技术规范,但它更重要的是能够承载和传达文化信息。规划建设时要达到功能完备,不"短斤少两"、安全可靠,不留安全隐患、容量适宜,科学确定场所承载力,大小强弱因事而异。

(二) 必要的配套设施

配套设施包括阅览座椅、信息发布设施、图书存放架栏、图书查询设施,以及相关生活服务设施等。阅读推广场所的配套设施有别于其他公共场所,信息发布设施帮助读者最快地获取各种图书文献信息,阅览座椅能方便读者浏览信息资料,图书存放架栏可以定期更新推荐样书,相关生活服务设施(如饮水点、咖啡座等)可以为读者提供基本服务保障。

二、阅读推广场所软件条件

软件条件是指不能作为实际存在而出现在眼前的事物,但却深刻影响阅读推广场所的性能,如文化氛围、管理制度以及馆员队伍等。

(一) 专属的文化氛围

校园是文化意味浓厚的特定场所,而阅读推广场所又可依仗其文化因子感染、吸引读者。在场所内,可通过景观小品营造其独特的文化氛围。

共同景观小品在空间中虽然是物质形态的"景物",但它的本质功能却在于通过景观的主题,用艺术形式营造一种文化场,有怡情励志的作用,集思想性、知识性和艺术性于一体,是阅读推广场所必不可少的条件。当然它不一定以独立的景观小品形式出现,也可以融入其他要素,如与基础设施一体化,则使基础设施景观化。

(二) 管理制度

相应的管理制度是阅读推广场所必备的基本条件。没有科学规范的管理,再好的硬件条件都不可能达到阅读推广目的,更不可能通过阅读推广场所建设来培养读书文化。科学规范的管理是通过有关规章制度来实施的,阅读推广场所作为一种有生命力的运行系统,必须建立场所管理的岗位责任制度、设施正常运行保障制度、信息发布及更换计划、阅读推广主题规划、绩效督察评估制度和奖励制度等。

(三) 相应的馆员队伍

馆员队伍的状况也是阅读推广场所条件构成要素,是阅读推广场所条件的主要方面。在基础设施达到要求、建立必要规章制度后,馆员的管理就成为核心问题。一支优秀的馆员队伍,需要团结精神和熟练的业务技能,认真设计和组织发布信息,适时更新信息看点,精心维护各种场所设施,研究确定发布主题规划,使阅读推广场所时刻保持吸引力和生命力。

三、阅读推广场所条件整合

阅读推广场所的软硬件条件构成了一个完整的生命系统,不论软件系统还是硬件系统中的任何一个要素都不能独立存在和运行,只有在它们形成整体合力后才能发挥阅读推广场所的本能。整合,有整理、调整并科学构建、组合之意,阅读推广场所的条件整合便是将所有软硬件条件按其功能关系有效对接融合,实现同步运行。如大型广场式阅读推广场所在基础设施上需要广场铺地、排水系统、强弱电路、LED等,需要配置熟悉弱电系统的馆员,建立安全疏散管理办法,发布关键信息等,而阅览室阅读推广区则需要合理配置座位、书台、推介资料和熟悉推介图书内容的馆员。

(一) 硬件有所属

阅读推广场所都是由有形的物质空间和无形的文化氛围构成的,构成场所的道路、广场、绿化、电路、照明和构建筑物等,规划设计容易,建设也容易,但在建成后的维护、维修由于其分属不同行业部门,维持它们今后的正常运行往往会成问题,一旦出现故障便会造成停运、废弃,所以,阅读推广场所内的所有硬件设施,在建设时期就需要明确运行后的维护、维修部门,落实责任,这样才能保证阅读推广场所正常功能的发挥,不能因为这些硬件设施没有单位部门负责,年久失修而功能异化为其他功能,甚至最终废弃。

(二) 制度有所配

建立相应的规章制度是阅读推广场所软硬件条件整合的必需,既要有对阅读推广场所基础设施的日常检查、经费预算、维修维护、验收结算、质量回访、监督管理的规范、规定,也要建立阅读推广项目策划、更新更换、意见反馈、动态调查、场所安全等管理制度,始终保持阅读推广活动的正常、有序进行。

(三) 人员有所跟

阅读推广场所各种设施必须有部门单位负责是必需的,同时还应建立必要的规章制度来实现阅读推广场所的科学管理当然也是必需的。管理部门责任的落实和各种规章制度的贯彻,关键在于人。所以,不论是负责硬件条件维护管理的部门,还是负责阅读推广的单位,必须明确具体的管理人员,明晰责任和规范,建立联动机制,才能使规章制度得到落实。

参考文献

[1] 李超平.公共图书馆宣传推广与阅读促进[M].北京:北京师范大学出版社,2013.

[2] 叶丹.公共图书馆阅读疗愈创新服务研究[J].图书馆建设,2017(7):73.

[3] 曹炳霞.图书馆阅读推广的新形式——读书达人秀[J].大学图书馆学报,2013,31(6):97-102.

[4] 陈进.高校图书馆服务创新案例精编[M].北京:海洋出版社,2015.

[5] 刘悦如,章回波.立体阅读——读者服务新模式[J].图书馆建设,2013(1):42-44.

[6] 赵晨洁,吴丽春,姚翔,等.高校图书馆构建深度阅读推广模式的实践探索——以"暑期阅读训练营"为例[J].大学图书情报学刊,2015,33(3):92-95.

[7] 赵俊玲,郭腊梅,杨绍志.阅读推广:理念·方法·案例[M].北京:国家图书馆出版社,2013.

[8] 王姝,魏群义,黄娟.高校图书馆阅读推广理论架构与实践——以重庆大学图书馆为例[J].图书情报工作,2014,58(11):73-76,103.

[9] 曹涵促,张红.赋予更新改造的旧建筑以新的生命:北京大学图书馆旧馆改造[J].建筑学报.2007(6):68-71.

[10] 刘圆圆,刘莎.高校图书馆特色馆藏建设的实践与思考——以西北工业大学图书馆为例[J].大学图书情报学刊,2011,29(3):42-45,72.

[11] 高红运.大学图书馆特色馆藏建设研究——以南京财经大学图书馆为例[J].农业图书情报学刊,2011(9):51-54.